金剛般若波羅密經心印疏

溥畹法師 著

諸佛出世，無非為一大事因緣。
故出現於世，所謂一大事者，
即開示悟入一切眾生佛之知見者是，
此諸教之總因緣也。

華夏出版公司本著「弘揚傳統文化，好書永世流傳」的理念，因舊版圖書年代久遠，囿於時空因素，在尚未能聯繫到原著作人並取得同意下，重新出版了這本著作，如有侵權，敬請著作權人或其親友和華夏出版公司聯繫，謝謝您。

金剛般若波羅蜜經心印科

大清　欽賜雲南法界寺講經廣陵沙門溥畹述

此經科分為三

- 一序分　二
  - 一別序　爾時
  - 二通序　如是
- 二正宗分　二
  - 一利他福　二
    - 一廣說福　三
      - 一正明廣說功德　若有至三菩提
      - 二反顯樂小不能　何以故至為人解說
      - 三結指經處當供　須菩提至而散其處
    - 二略說福　須菩提至上乘者說
  - 二自利福　須菩提至無邊功德
    - 一喻住則不妙　須菩提至即無所見
    - 二喻不住方妙　若菩薩至見種種色
- 三總結經功妙用　須菩提至不可思議

二兼顯經功妙用　須菩提至所不能及

一正明滅罪妙用　復次至三菩提

二滅罪用　三

一生福用　二

二顯用　二

一舉喻　二

二舉喻顯用　二

一正明無住　三

五結成離相　是故須至三菩提心

四聞義述解　二

三顯示經功　須菩提至其福甚多

三結顯眞實　二

二不住人法　如來說至即非眾生

一不住六塵　不應住至如是布施

二正明眞實　須菩提至不異語者

一轉釋眞實　須菩提至無實無虛

二世尊印述　二

一當機伸解　三

二正報　須菩提至三十二相

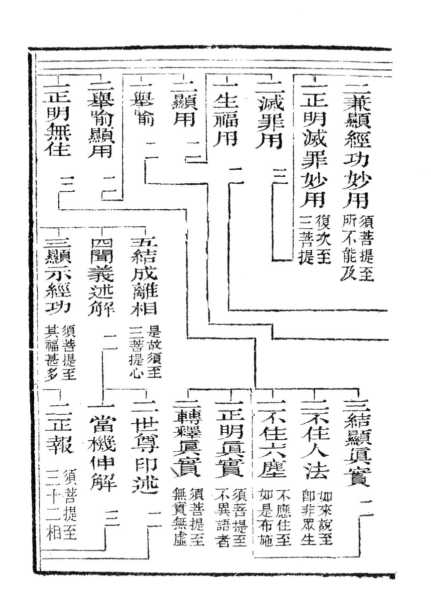

二彰般若無住用 二
一彰般若離相用 五
二即事顯用 二
一出名教持 二
二如來垂示 三
一善吉請名 爾時須至云何奉持
二彰般若妙用 二
一明降住其心 二

二依正離相 二
一說法離相 須菩提至如來無說
一解自聞希有 爾時須至如是之經
二歎他聞希有 世尊若至說名實相
三前後聞希有 世尊我至卽名諸佛
一正標 佛告須至汝當奉持
二重釋 所以者至若波羅密
一就智度述成 何以故至一波羅密

一依報 須菩提至是名世界
一印證
二述成 二
一總印 佛告須至如是
二別證 若復有至甚爲希有
一約法述成 二
二約人述成 何以故至無壽者相

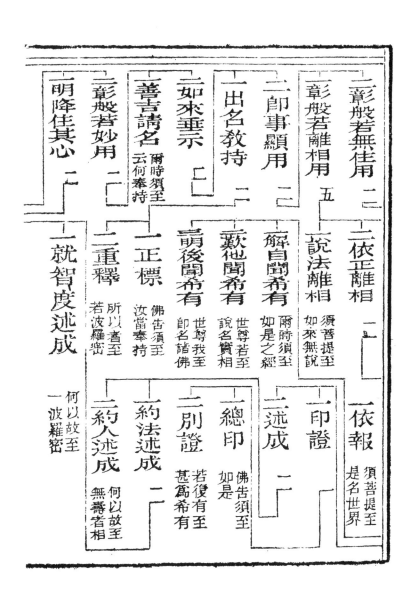

三正為開示 二
- 二領旨復請 唯然
- 一印讃許説 佛言

二如來許示 三
- 一善吉請益 二
  - 二請益之辭 二
    - 一讃益 爾白
    - 二正請 世尊
  - 一請益之儀 時長
- 首示降住其心歷彰般若妙用 二
  - 三引事况勝
  - 二果法離相
  - 一佛身離相
- 次明菩提無法正顯般若本體 三
- 一正明菩提無法 二

二就忍度述成 須菩提至辱波羅密
- 一畧示降住 二
  - 一畧示降心離相 佛告
  - 二畧示住心無住 復次
- 一廣詳降住 二

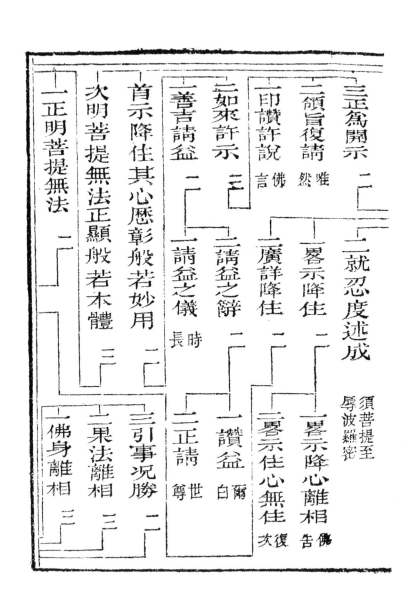

二直顯般若本體 ○

三通結始終心法 須菩提至是名法相

一當機躡問 爾時須至降伏其心

二世尊直荅 三

一躡前住降無法 佛告須至卽非菩薩

二正明發心無法 所以者至菩提心者

三分示因果無法 二

二歷明無住 三

一約佛法寶釋降心離相 三

二約彙廣釋住心無住 四

一正明離相 須菩提至卽見如來

二兼示殊勝 二

三結成離相 是故不至何況非法

一如來雙審 須菩提至所說法耶

二善吉雙對 須菩提至如來可說

三承上雙釋 何以故至而有差別

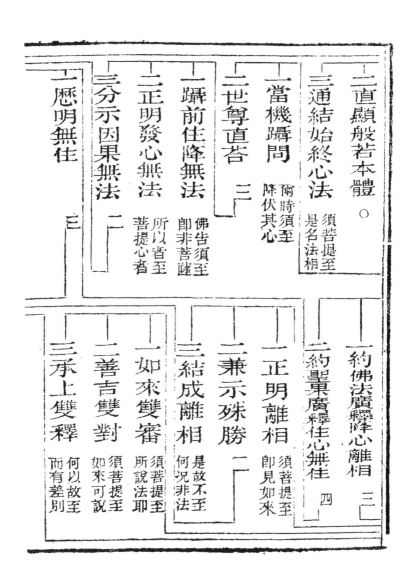

- 二正明無住　是故須菩提至而生其心
- 三喻明無住　須菩提至是名大身
- 四較量顯勝
  - 一約果
    - 一得果無法　須菩提至三菩提
    - 二得記無法　須菩提至釋迦牟尼
    - 三轉釋無法
  - 二約因
    - 一較量　須菩提至甚多世尊
    - 二泛論
      - 一引事　須菩提至說福德多
      - 二況勝　若復有至即非佛法
      - 一善吉疑問　須菩提至生實信不
      - 二如來誠說
        - 一小乘聖果
        - 二佛所得法　佛告須至實無所得
        - 三菩薩莊嚴　須菩提至是名莊嚴

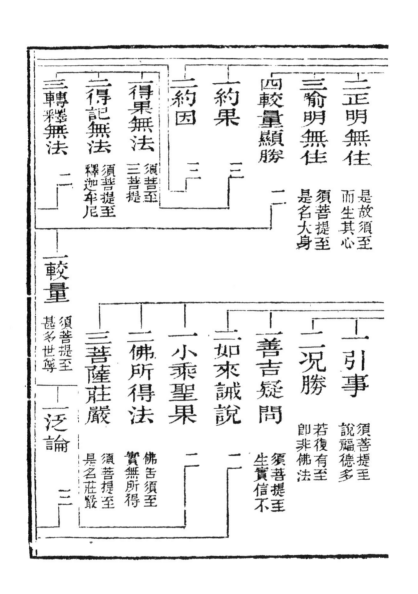

一明度生無法 須菩提至無壽者

二明嚴土無法 須菩提至是名莊嚴

三明達我無法 須菩提至是菩薩

一法釋 二

二喻釋 須菩提至是名大身

一正釋無法 何以至三藐三菩提

二釋法非法 須菩提至名一切法

一人勝 何況有至希有之法

二顯勝 二

一見道位 須菩提至名須陀洹

二修道位 二

三無學位 須菩提至眾生壽者

一畧持人處勝 二

二廣持人處勝 二

一人勝 佛告須至勝前福德

二確證 世尊佛至阿蘭那行

一誡荅 佛告須至以此爲實

二說勝 二

初二果 須菩提至名斯陀含

次三果 須菩提至名阿那含

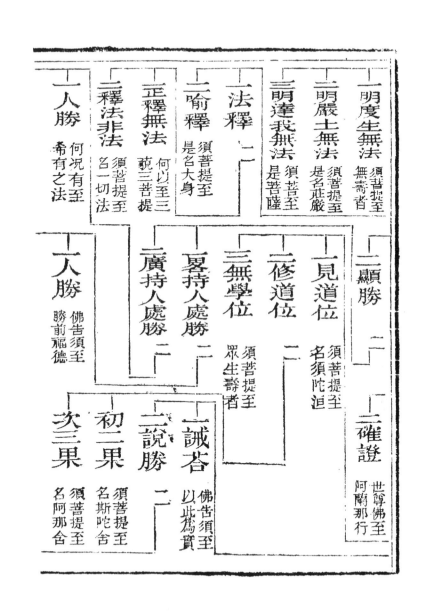

二處勝　若是經至尊重弟子

○二直顯般若本體　二

一約知見圓明　三

二約色相言說　三

三約衆生非生　二

一示卽色非色　須菩提至具足色身

二示卽相離相　須菩提至諸相具足

一處勝　復次須至如佛塔廟

二直顯　三

一審示　三

一善吉呈悟　須菩提至無所得耶

二如來印證　佛言如是如是

三正顯本體　二

一示佛見圓見　須菩至有佛眼

二示佛知圓知　須菩至不可得

一能信人善根殊勝　當知是至無量福德

二所信義離相殊勝　二

一自性平等　三

二諸相平等　五

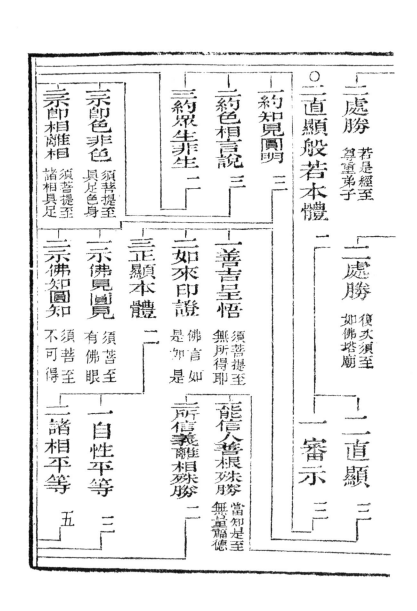

二示節說非說 須菩提至是名說法

三示實福非福 二

一明有實非多 須菩提至甚多

二明無實乃多 須菩提至福德多

一約生佛以顯平等 須菩提至是名凡夫

二離空有以顯平等 三

三無去來以顯平等 須菩提至故名如來

四非一多以顯平等 須菩提至貪著其事

五節諸見以顯平等 須菩提至名壽者見

一本無欠餘 須菩至三菩提

二本無高下 二

三引事顯勝 須菩至不能及

一離有見 須菩提見如來

二離空見 須菩提至斷滅相

一直示平等 復次至三菩提

二轉釋平等 以無我至是名善法

一順釋所以 何以故至無非法相

二轉釋所以 何以故至眾生壽者

- 三較福勝 二
  - 一當機起疑問生 爾時
  - 二如來決荅非生 佛言
    - 一論福 二
      - 一當機問福 須菩至受福德
      - 二如來荅福 須菩至是故說不受福德
    - 二較勝 須菩至福德故
- 三流通分 二
  - 二示勸流通 二
    - 二示通經益 須菩提至其福勝彼
    - 三示通經法 云何至如是觀
  - 三正結流通 佛說至奉行終

金剛般若波羅密經心印科 終

金剛般若波羅密經心印疏卷上

大清　欽賜雲南法界寺講經廣陵沙門溥畹述

將釋此經義啟十門。一教起因緣。二藏教分攝。三義理分齊。四教所被機。五教體淺深。六顯示宗趣。七部類處會。八傳譯時代。九總釋名題。十別解經文。

一教起因緣

蓋聖人設教。必有由致。非無故而然也。故曰因緣若至其理自彰亘有以焉然則因緣亦有總別一總者謂佛聖教無非酬因酬請顯理度生即我如來住世四十九年始自鹿苑終至金河於其中間三百餘會或時談性或時論相或時道有或時說空諸有所作常爲一事故法華云諸佛出世無非爲一大事因緣故出現於世所謂一大事者即開示悟入一切衆生佛之知見者是此諸教之總因緣也二別者謂諸教因緣各有不同故名爲別若

據本經別有十種。一欲破外道諸邪見故。二欲迴小乘令入大故。三令權位不迷空故。四令悟明二諦證入中道生正見故。五顯佛勝德生淨信故。六欲令發大菩提心故。七令修菩薩深廣行故。八令斷一切深重障故。九令得菩提無上果故。十流傳後代益衆生故。由此因緣。故起斯教也。

二藏教分攝

葢佛之法。不出三藏二藏。四教五教。十二分以收攝之言三藏者一修多羅此名契經二毘柰耶此名調伏三阿毘曇此名對治言二藏者一聲聞藏二菩薩藏若論所攝此經於三藏正屬經藏兼通律論以戒生淨信故論詰辯析故於二藏中正屬菩薩亦兼聲聞以激小囘心故言教攝者西竺東夏古今高宿判教多途始自後魏菩提留支判一音教次後則有一十八家各有理據莊嚴聖教難以枚舉於今海內唯有二宗一天台四教所謂藏

通別圓。此正別攝兼亦容三不定同心故。揚大抑

小故。離卽俱非故。二賢首五教。所謂小始終頓圓。

此經始教正攝餘四亦通。以離相見佛乃終頓義。

餘二如前。十二分者。卽九小三大通相十二分教。

兼正可知。故不繁述。

三義理分齊

如來接物。不無文言。既落文言則有義理。義者文

之實也。理者言之主也。又義者相也。理者體也。蓋

聖人之言教也。義以析之。理以統之。理雖是一。而逐機遂有淺深。義固多方。而歸理則無別體。是則諸經義理既有淺深。而欲明經旨者。若不辯別。何以知其分齊所詣乎。然約法本末生起。顯分齊者。依起信論有五重淺深。亦不離前五教。但此則從深至淺。彼則自淺向深。故不同耳。初唯一心為本源。卽一眞法界。該四法界。此圓教分齊也。二依一心開二門。卽該二教。一者心眞如門。所謂心性不生不滅。卽頓教分齊也。二者心生滅門。所謂如來藏與生滅和合。名阿賴耶識。卽終教分齊也。三者依此識明二義。一覺義。謂心體離念等。二不覺義。謂不如實知眞如法一故。不覺心動等。四依後義生三細。一依不覺故心動。名業相。二依動故能見。名轉相。三依見故境界妄現。名現相。五依最後生六麤。一智相。二相續相。卽始教分齊。三執取相。四計名字相。五起業相。六業繫苦相。三四小教分齊。

五六。人天分齊也。若於此五中。定本經分齊者。正屬始教空門。空理如如。離相見佛。大身非大身。色相非色相等。然辭雖正演空門。而義實兼含終頓圓也。以始義初彰。一一空諸所有。終義許凡有心者。皆可作佛。頓義一念不生。圓義不可思議。而餘一一激小。令生恥慕。與大同途。此大槩之分齊也。

四教所被機

教。乃聖人示下之言。機。即九法界所被之機。然則有通有局。通則普利三根。局則不無揀別。設以局論。此經正被菩薩。以經云。如來為發大乘者說。為發最上乘者說。若復有人得聞此經。信心清淨。即生實相。當知是人成就第一希有之法。則為荷擔如來阿耨多羅三藐三菩提。故知此經唯被大機。然於義求。亦兼凡小。何謂以此經雖屬大乘。若不兼利。則是法平等。無有高下。恐成虛語。而經中亦談胎卵濕化十種類生。以及小乘四果名目。於結經處。且云比丘比丘尼優婆塞優婆夷。一切世間天人阿修羅等聞佛所說皆大歡喜信受奉行以是故知兼被小也。

五敎體淺深

所謂敎體者亦有能詮所詮。能詮體者卽音聲語言名句文身。故楞嚴云。此方眞敎體。清淨在音聞者是也。名詮自性。句詮差別。文身者。文卽是字。能爲名句二所依。故若以本經而論。則首從如是。終至奉行皆爲能詮之教體也所詮體者卽無住眞心實相般若是也以衆生日用而不知大覺悟之而爲說能所并釋合爲教體故知此經能詮所詮皆深而非淺也

六顯示宗趣

言宗趣者語之所尙曰宗宗之所歸曰趣若據本經顯宗示趣則有總有別總者以三種般若爲宗三德秘藏爲趣別則有三一教義謂文字般若爲

宗。實相觀照爲趣。二理智以真空妙理爲宗。實相般若爲趣。三因果以發菩提心爲宗。證涅槃果爲趣。斯則畧示本經之宗趣也。

七部類處會

此般若經。名雖八部。約類有十。一大般若六百卷。二放光三十卷。三摩訶三十卷。四光讚十卷。五道行十卷。六小品十卷。七勝天王所說七卷。八仁王二卷。九實相一卷。十文殊所說一卷。皆本部之同類也。處會者。即四處十六會。一王舍城鷲峯山七會。二給孤園七會。三他化天摩尼寶藏殿一會。四王舍城竹林園白鷺池側一會。此經乃第二處第三會也。然獨置金剛二字者。揀非餘九以故本經在六百卷中正當五百七十七卷。祇園七分中之第三分也。

八傳譯時代

此經自傳我國。凡有五代。六師翻譯。一羅什於姚秦時居草堂寺譯名金剛般若。二菩提留支於元魏時住永寧寺。譯與什同名。三眞諦於陳朝住廣州制止寺。譯名亦同上。四笈多於隋朝。住東都上林園。譯名金剛能斷般若。五玄奘於唐貞觀十九年還國文帝迎住西京弘福寺。譯名能斷金剛般若。六義淨於天后證聖乙未還國。至睿宗景雲二年譯與奘師同。今所傳本乃羅什弘始四年居草堂寺譯者也。

九總釋名題分二　一經題

金剛般若波羅蜜經

梵語跋折羅此云金剛。具有三義。謂堅。利。明也。以
此寶其體最堅。一切物不能壞。其用極利。能壞一
切物其相光明。金中最剛故名金剛有謂色如紫
石英狀若蕎麥稜。即力士所執之杵也梵語般若。
此云妙智亦翻妙慧。合而言之曰智慧以智徹諸
法實相慧了諸法真空。然義有三。謂實相觀照文。

字也設取金剛三義以喻般若三種者一堅喻實相般若之體雖經多劫昇沈三界往返六道未曾欠鈌故云堅也二利喻觀照般若之用謂此顯時能照萬法當體全空故云利也三明喻文字般若之相以其能詮實相觀照令得顯現故云明也由斯三義故舉金剛以喻般若則般若乃智慧之梵音金剛卽般若之正喻以故華梵雙彰法喻并舉曰金剛般若梵語波羅密此翻彼岸到乃順天竺

之語若依我國當云到彼岸意謂此經是到彼岸之智慧也蓋彼岸者指涅槃而言卽離二種生死之此岸渡二障煩惱之中流到二種轉依之彼岸也經者徑也謂一切賢聖能依此修卽成佛作祖之捷徑也梵語欲底修多羅此云契經謂詮顯義理契合人心乃契理契機之教揀非此方儒道等經若據諸經論釋其義實繁要而言之不出於四所謂貫攝常法以能貫穿所說之義攝持所化之

機。三世不易爲常。十界同遵曰法。具斯諸義故稱爲經。然上七字爲所詮屬別。下一字爲能詮屬通。此於七種立題爲喩法立題。二種立題乃佛自立也。

二人題

姚秦三藏法師鳩摩羅什譯

姚秦標代也。三藏經律論也。所謂經契一心。律規三業。論甄邪正。法卽軌則之義。師乃模範之稱。以三藏之法自師而師人故曰三藏法師梵語鳩摩羅此云童壽謂童年而有耆德什乃華言卽善識此方文字之稱華梵合舉故曰羅什然師始末備載本傳茲不繁引譯者易也謂易天竺之語而爲華夏之言以周制有掌四方之官北方名譯今翻西語而曰譯者由漢世多事北方而譯人兼善西語因以稱焉

十別解經文三此准道安經無豐約悉分爲三謂序正流通者是也

一序分二　一通序

將釋此序。義分爲二。一明建立之因。二明建立之意。建立因者。正明如是等言。因何而立。蓋當金河顧命之初。鶴樹潛輝之際。阿難悲哀。時有無貧尊者語阿難言。汝是持佛法人。且須裁抑。宜當往佛請問後事。阿難曰。云何後事。尊者荅曰。世尊在日。以佛爲師。世尊滅後。以誰爲師。世尊在日。依世尊住。世尊滅後。依何而住。惡性比丘。佛在之日。佛自調伏。佛滅度後。如何調伏。遐益當來。理宜結集。一切經首。應置何語。阿難承教。一一咨問佛。佛荅之曰。我滅度後。依四念處住。以戒爲師。默擯惡性比丘。一切經首。皆安如是我聞一時佛在某處。與某衆若干。此正第四問也。建立之意者。亦有三。一斷疑故。乃結集時。阿難昇座欲宣佛語。感得相好同佛。爾時衆起三疑。一疑世尊重起說法。二疑他方佛來。三疑阿難成佛。故舉如是我聞等則三疑頓斷二息諍故若不推從於佛言自制作則諸羅漢德業頗齊未免諍論今稱佛說何諍之有三異邪故不同外道經初安阿歐二字蓋阿者言無歐者言有彼謂萬法雖多不出有無置之經初以之爲吉以初吉故今中後亦吉今則不爾故云異邪

如是我聞一時佛在舍衛國祇樹給孤獨園與大比丘衆千二百五十人俱

通序者諸經通有以證信故然此如是諸經不同如是亦異有謂諸佛說法無非顯如唯如爲是除如之外了無片法可談或曰有無不二爲如如非

有無爲是又云不異爲如無非曰是皆泛言之也今據本經當以實相觀照爲如文字般若爲是良以實相觀照二而不二體用如如故名爲如文字性空不卽文字不離文字故名曰是我者阿難自謂也然有四種一凡夫徧計我二外道神我三二乘假我四法身眞我此於四種中正屬第三假我蓋阿難已達我空實不計執以隨世諦假立賓主乃稱於我聞謂耳根發識名之曰聞問旣耳根發

識合云耳聞何經不然荅耳是六根之別我乃一身之總廢別從總故曰我聞一時者即師資合會說聽究竟唯一無二之時良以殊方紀歷不同上下延促不定横則四洲差別豎則三界懸殊故但云說此經之一時也梵語佛陀耶此云覺者謂自覺覺他覺滿也自覺異凡夫之不覺覺他揀二乘之獨覺覺滿揀菩薩之未滿是以三覺俱圓萬德皆滿故稱爲佛在者如天子所至即曰行在故佛

至處亦名在也舍衛梵語此云聞物亦名豐德又云名稱以具五欲財寶多聞解脫文彩風流遠聞諸國故乃波斯匿王之都也祇即祇陀此云戰勝因波斯匿王於外國交兵得勝之日生此太子因賜是名以誌喜也如此方叔孫勝敵以名其子樹乃所施也梵語須達多此云樂施今言給孤獨者以能周給幼無父而老無子者也不言鰥寡者以二該二故蓋舍衛王臣先未知佛因須達多爲見

聘婦入王舍城。寄止珊檀那家。時珊檀那中夜而
起。莊嚴舍宅。營辦餚饍。須達聞已。卽起問言。大士
欲請國王。爲婚姻之會耶。答言請佛。無上法王。須
達聞已。身毛皆豎。復問何以名佛。珊檀那遂廣爲
說佛功德。須達多言。善哉大士。所言佛者。功德無
上。今在何所。珊檀那曰。在王舍城竹林精舍。爾時
達多遂往見佛。佛爲說法。達多聞已。獲須陀洹。因
請佛曰。惟願臨顧至舍衛國。受我微供。世尊受請。

達多回國。布金買園。祇陀因而發心施樹。故云祇樹給孤獨園也。然須達是正施主。祇陀爲助成。今樹先園後者何也。以祇陀乃儲君。須達是臣佐。禮別尊卑之故耳。與者同也。大謂名高德重。爲天王大人之所敬也。比丘梵語。此云乞士。亦云怖魔。又云破惡。梵語僧伽耶。此云和合衆。蓋和有二。一理和。謂同證擇滅無爲。二事和有六。謂戒和同修。見和同解。身和同住。利和同均。口和無諍。意和同悅也。千二百五十人者。佛初成道。度陳如等五人。次度三迦葉。兼徒一千。復度舍利弗。目犍連。各徒一百。更度耶舍長者子五十人。今畧五人者。舉大數耳。此等諸人。先事外道。勤勞無益。一見如來。便登聖果。以此感恩。誓常隨侍。所謂常隨衆也。正易所謂雲從龍。風從虎。聖人作而萬物覩者是也。俱者。一時一住。皆同在也。若准古說六種成就者。如是乃信成就。以信者則是事如是。不信則是事不如是所以五十聖位。十信居先。十一善法。信心爲首。故華嚴經云。信爲道源功德母。長養一切諸善根。又曰。佛法如大海。非信莫能入。故知信心之前。別無勝法。縱能信如是經。聞根不利。信亦奚爲。能信能聞。非時可說。徒生景仰。時可說法。無說法主。此道難聞。縱有法主。無處可居。亦難行道。雖有其處。設無聽衆。不成法會。必須六種輳集。佛事方興。故云成就。則此六種爲能成就。而向下經文。皆所成就也。

二別序

爾時世尊食時著衣持鉢。入舍衛大城乞食。於其城中。次第乞已。還至本處。飯食訖。收衣鉢。洗足已。敷座而坐。

別序者。別序一經發起之由。爲正宗之前導也。此佛就一切衆生日用尋常去來動靜。行住坐臥。喫飯穿衣。直顯眞心本體。以明無往而非無住眞心之妙用無法不具實相般若之本體所以假此乞食發起斯經不過要人向日用中識得自己與三世諸佛無二無別則能事畢矣爾時者即當爾佛住祇園統眾行道之時也世有三謂情世器世至眞覺世又有過去世未來世現在世總之情與無情世出世世間靡不尊重故曰世尊時者日有十二分爲四食一丑寅卯諸天食時二辰巳午人間食時三未申酉畜生食時四戌亥子鬼神食時佛制

出家之士。應法人天。過午不食。今食時者。卽日初分也。衣者。佛有三衣。一安陀會。名作務衣。二鬱多羅僧。名入衆衣。三僧伽黎。名福田衣。以其製法水田。見生福故。著者。以入城乞食。卽僧伽黎也。具云鉢多羅。此翻應量器。謂體色量三皆應法故。卽過去維衛佛所遺。紺琉璃寶鉢。乃四天王取而獻者。自園進城。名入。地廣人稠曰大。防非禦侮爲城。乞食者。佛教比丘行頭陀行。清淨活命。了寄殘生。離

四邪命也次第者不揀貧富無分淨穢挨次而乞
也已者不論有緣無緣七家則已又或不限人家
滿鉢則已還謂還出舍衛至本處即歸到祇園也
將所化飯食之既訖即收其衣鉢淨其手足敷其
所座而坐之也此言世尊去來行住喫飯穿衣日
用尋常與人無異一段本地風光莫非全體大用
其柰諸人終日昏昏只知穿街過巷覓食求衣要
且不識他是阿誰甘作飯囊衣架走肉行屍殊爲

可惜。是以如來卽日用事而示之也。此爲後文如
來若來若去若坐若卧。是人不解我所說義之章
本耳。有釋爲戒定發起者。義固甚佳。然於下文氣
似不貫。且空生希有之讚。似亦難於安插。何則。戒
定行持。羅漢常事。何希之有。然空生之所以道希
有者。非無故也。蓋空生平日。但念空無相無作。所
以於菩薩法遊戲神通淨佛國土成就衆生。心不
喜樂。將謂佛道懸遠。久受勤苦。乃可得成。忽然今

日見我世尊恁麼舉動。觸著鼻孔。始知道不遠人。人之為道而遠人。方信行住坐臥。不離這箇。於斯薦得無住妙用。實相本體。卽在日用尋常去來出入。動靜往還。喫飯穿衣處也。以故向下卽從座起。走向佛前。無別可說。只得道箇呀。希有世尊。此正冷灰裏一聲豆爆也。

二正宗分二　一首示降住其心歷彰般若妙用二

一善吉請益二　一請益之儀

時長老須菩提在大眾中卽從座起偏袒右肩右膝著地合掌恭敬

上序分者卽序如來與眾生共有此金剛般若不離日用中也此正宗者乃當機窺見如來動靜已知佛法無多意欲普利今後未免請問形於言辭以故有此正說也時者適當乞食還園洗足安坐之時也梵語須菩提亦名蘇補底此云空生或云善現又名善吉有云妙生幷善實者以初生時寶

藏頓空。相者占之此子善吉。七日之後。家珍復現。故云善現。因含多義。存梵不翻。長老者。以其德臘俱高也。乃舍衛國人。鳩留長者之子。解空第一。在般若會上。轉教菩薩。故爲當機發起此經。正窮子喻中密遣二人者是矣。設以本論。則久證青龍陀果。久悟般若眞空。乃爲輔化權示。如此今在大衆之中。即從本座而起者。以師資之道。尊卑頗殊。欲有所請。不可坐問。偏袒右肩者。乃彼方儀制。以表敬也。此中事釋可知。若以理釋。則袒肩以示權。膝地而顯實。合權實二邊之掌。印中道一味之心。修敬既畢。自合陳詞。故云而白。等上之起座。卽身業恭敬。乃意業。而白下。方是口業。此明三業虔誠而請問也。然卽之一字。正是描寫尊者絕無沾滯踴躍之狀。直出人天衆前。揚聲吐氣。自不同於如聾若啞。唯除糞穢。默受彈呵。去花拜座之時矣。所謂尋常一樣窗前月。纔有梅花便不同。

二請益之辭 二 一讚益

而白佛言。希有世尊。如來善護念諸菩薩。善付囑諸菩薩。

希有者。准古解則有四種。謂時希有。處希有。德希有。事希有。可謂詳矣。然在本經。似無交涉。茲亦不辯。且道尊者纔來啟請。如來尙未開口。見箇甚麼道理。便讚希有讚。莫是世尊成道說法度衆生之希有麼。不見道。未離兜率。已降皇宮。未出母胎。度

人已畢。若待今日讚嘆。奚啻鷂子過新羅。是劒去
許久。方纔刻舟。要知今日之讚希有者。乃算空生
具一隻眼。向世尊舉止動靜處。窺見一班。故出海
衆之前。而讚希有也。其意有二。首謂於庸言庸行
處。示奇特事。可謂希世所有之者。次則自己向穿
衣喫飯處。討得箇下落。這段消息。從未知有。今始
悟得。故曰希有。如來者。十號之一。即無所從來。亦
無所去。故名如來。善護念者。若據古解。依根熟未

熟等釋義亦甚佳。似無不可。但此經以五時設教
而論。斯當轉教付財之時。與義推求。理或欠妥。今
准法華經信解品空生等呈解之詞。釋此護念付
囑。言護者。卽彼經云。我雖年朽。猶故貪惜者是也。
念者。卽彼經云。時富長者。於師子座。見子便識。心
大歡喜。卽作是念者是也。付者。卽我財物庫藏。今
有所付者是也。囑者。卽彼經云。佛敕我等。說最上
道。修習此者。當得作佛是也。而言善護善付者。卽

彼經云。諸法之王。能爲下劣忍於斯事。取相凡夫
隨意爲說者是也。問。設據此釋菩薩二字。云何消
釋。答。菩薩聲聞。在發心大小。所以有此二名。今旣
捨小歸大。欲發阿耨菩提心者。豈可更以聲聞而
目之哉。是以卽聲聞而菩薩也。如十六王子。未聞
法華以前。止名沙彌。旣聞法華之後。則曰菩薩。亦
此意也。然此二句。正釋上之希有。所以言我世尊
自華嚴至今數十年來。調護時機。深心愛念。欲人

向動用處識取家珍。不離當端足下。空生此際。一旦豁然。喜解非常。是故讚言希有世尊。可謂加護愛念。委付叮囑。善而又善者也。正謂今在般若會上。轉教付財。將大付小。囑小化大之意耳。蓋將大付小。不過引小入大。囑小化大。無非以大激小。皆如來之方便護念也。以此觀之。則如來之用心誠可謂善矣。當機曰。善護念善付囑者。良有以焉。

二正請

世尊。善男子善女人。發阿耨多羅三藐三菩提心。云何應住。云何降伏其心。

前既悟得此理。極口稱讚。玆復發問者何也。以前無言之道。自非上根利智。莫克領畧。便作尋常錯過。故尊者恐負如來意旨。曲爲時機。故興斯問。善男子善女人。總該僧俗七衆八部三乘人等。發謂發起。阿耨等梵語。此云無上正等正覺。蓋空生意謂設有善男信女要發無上心者。不知可有箇甚麼法聻。然卽此心欲契實相般若之理。先向那裏安住聻。又且此心欲起觀照般若之時。其奈妄想多端。如狂猿昇木上下攀緣。似癡蠅逐穢去來不捨。怎生降伏聻。此中三問以發菩提爲主。故前半卷荅二三兩問。後半卷荅初問也。

二如來許示　三　一　印讚許說

佛言。善哉善哉。須菩提。如汝所說。如來善護念諸菩薩。善付囑諸菩薩。汝今諦聽。當爲汝說。善男子善女人發阿耨多羅三藐三菩提心應如是住如是降伏其心。

蓋世尊出世本爲直示此心柰無知音可語故自華嚴以至今日有懷未吐茲向祇園會上撞著空生覿面問來恰好抓著癢處以故老漢通身暢快所以滿口稱歎曰善哉善哉言善會佛心善爲說辭所謂善而又善者也故仍呼其名而告之曰須菩提你適纔讚這兩句果爲的當卽是啟請三問。

亦甚要緊可謂一字不差皆合吾意遂印之曰如
汝所說如來善護念善付囑也似你這樣人始可
與言斯道矣故曰汝今諦聽吾當為爾分別解說
要發阿耨菩提心的道理然則亦不過應如是住
如是降伏其心而已此中如是二字應通三釋其
義始足一約理二指前三開後且約理釋如是者
衆生諸佛本自如如所謂生佛一如莫不皆是也
設廓而論之則內而根身外而器界無非眞如咸

是實相。故言青青翠竹總是眞如。鬱鬱黃花無非
般若。此顯世出世間無一法不是。無一法不如以
明如是也。若約指前則空生已解如來作用。蓋如
來說你也不必裁剪鬚眉扭捏鼻孔另尋住降方
法。就如我尋常穿衣喫飯洗足敷座一段光景這
就是了。以此而住無非安住。卽是而降無往弗降。
此明無住之住是眞安住。不降之降卽眞降伏故
云應如是住。如是降伏其心。約開後者。卽指後文

廣畧詳示也。

二領旨復請

唯然世尊。願樂欲聞。

當機稱解空第一。慧命長老以此觀之。名不虛傳。何則。一聞如是之旨。卽便對曰唯。乃信之極而無疑也。老子有言。唯之與阿。相去幾何。釋曰禮對曰唯。野對曰阿。此禮對也。又儒云參乎。吾道一以貫之。曾子曰唯。亦此意也。然則至此當機始問云何云何如來竟答如是如是者。正所謂傍敲正打。將一卷無言般若。已向諸人重重發揮了也。故空生直對曰唯者。乃是一肩擔却。全身負荷了也。所謂燒尾鼓浪成龍去。鰕蟹猶然努眼睛。然之一字。在尊者意謂我則雖然如是。其奈諸人尚未薦取。伏願如來還要細說。我亦願聞。則是向下一卷經文。無非爲努眼者重伸註脚而已。

三正爲開示 二 一明降住其心 二 一畧示降住

二一畧示降心離相

佛告須菩提。諸菩薩摩訶薩。應如是降伏其心。所有一切衆生之類。若卵生。若胎生。若濕生。若化生。若有色。若無色。若有想。若無想。若非有想非無想。我皆令入無餘涅槃而滅度之。如是滅度無量無數無邊衆生。實無衆生得滅度者。何以故。須菩提。若菩薩有我相。人相。衆生相。壽者相。卽非菩薩。

此以言顯無言。而教降心之方法也。前來佛所印證當機者。以其見解不謬耳。然問發心住降。則曰善男子善女人者。正見空生作畧。借秦爲喻。假人而成已也。意謂未發大心之時。則厭棄生死趨向涅槃。是以生死涅槃爲實。卽住著於生死涅槃。不得解脫。設發大心。云何應住。卽如我住偏眞。如何捨偏眞而安住實相。蠻此正暗爲自已安身立命處。乃自利之問也。又未發大心之時。唯求自度。不欲度人。知見偏枯。志意狹小。以故變易生死不斷。

無明住地猶存。今設發大心。云何令其斷除變易。
降伏無明。上求佛果。下化衆生。疊此問度生邊事。
乃利他之問也。故佛呼名而告之曰。須菩提。諸菩
薩摩訶薩。應如是降伏其心。諸者。其義有二。一約
能發心男女等機。衆多不一。故。二約四十位修心
菩薩。類多不一。故梵語菩提薩埵。此云覺有情。謂
覺機分證。識情未盡。故摩訶言大。其義有七。一具
大根。二有大智。三信大法。四解大理。五修大行。六

經大時。七證大果。具斯七大。故名摩訶薩也。問。當機問時。止曰善男子等。如何答處。却曰菩薩。答。大心未發。即是凡夫。既發大心。即名菩薩。在當機約未發心時問。如來約已發心後答。應者當也。宜也。此中如是於前稍異。乃承上指下之詞。往後經中凡言如是處。非有意於上。即有意於下。讀者須知。此一句正承前指後也。所有者。畧舉十方三界處所。蓋處所。爲能生能有。衆生爲所生所有也。一切者乃總該之詞。類。卽類趣。謂雜趣同形。各從其類。
卽通指十類也。梵語僕呼善那。此云衆生。以從五
蘊和合中生故。今詳十種。且約橫豎發明。先橫詳
類趣。准楞嚴經。皆以妄想建立。若卵生者。經云。卵
惟想生。署如魚鳥龜蛇之類。因飛沈亂想和合氣
成。若胎生者。經云。胎因情有。署如人畜龍仙之類。
因橫豎亂想。愛情滋染而有。若濕生者。經云。濕因
合感。署如含蠢蠕動之類。乃翻覆亂想所成。若化

生者。經云。化以離應。畧如轉蛻飛行之類。此屬新故亂想所成。若有色者。經云。休咎精明。有色可見者。乃精耀亂想所成。若無色者。經云。空散消沈。無色之可見者。乃陰隱妄想所成。若有想者。經云。神鬼精靈。乃罔象虛無。妄想所成。若無想者。經云。精神化為土木。為枯槁妄想所成。若非有想者。經云。如蒲盧等。異質相成。因合妄而有。若非無想者。經云。如土梟等。負塊為兒。子成。父母俱遭其食。此因怨害妄想而有。然此十種不出色心。約色卽有色無色。約心卽有想無想。弘法菩薩若識得色從心現心亦妄生正覺現前衆生界盡更有何生之可度何心之不可降哉。次豎論三界。胎卵濕三唯居欲界化生三界通具有色。止欲界四禪。無色屬空無邊處。有想卽識無邊處無想乃無所有處若非有想若非無想乃非非想處是也。我者佛代菩薩而稱也。皆者總前十類也。令謂使令。入謂證入涅槃。畧梵具云摩訶波利昵嚩喃。此云大圓寂。以衆德皆圓。諸妄俱寂。亦云大滅度。即大患永滅。超度四流也。又滅二障。度二死也。亦云無爲。離生滅故。又云安隱。最寂靜故。總之一眞法界。約聖與凡。而有四種。一本來自性淸淨涅槃。此即實相眞如之理。從本以來。不生不滅。不垢不淨。雖在生死煩惱。其性本自寂然。二有餘依涅槃。是將慧焰燒煩惱薪。雖斷見思。尙餘最後身智。爲分斷生死苦依。故名有餘依也。三無餘依涅槃。以煩惱旣盡。餘依亦滅。衆苦永寂。無有餘依。故名無餘依。今說無餘正指此也。四無住處涅槃。卽生死與涅槃。二俱不住。故云無住。如上四種。凡夫惟一。聲聞有二。菩薩獲三。唯佛具四。此如是乃承上言也。實無者卽起信論云。謂如實知一切衆生。及與己身眞如平等無別異故。又般若經云。以諸有情本性淨故。彼從本來。無所有故。則平等眞法界。佛不度衆生。良可味焉。以眾生性空。生佛體同故也。又以一切眾生本性寂滅。無滅可滅。本來是佛。無佛新成。故云實無眾生得滅度者。何以故。乃反顯徵釋之詞。言菩薩若以我為能度。卽著我相。彼為所度。卽著人相。能度所度。歷然相對。卽眾生相。有法授受。戀著不捨。猶如命根。卽壽者相。故輔行云。我以計內。人以計外。眾生以續前為義。壽者以趣後為能。如是四相不除。不惟所度不普。卽能度者。心亦難降。故云菩薩有我等相者卽非菩薩問當機啟請先菩提次安住後降伏如來答則自後而前者何也答空生向來慣習雖知慕果修因故問亦急於證理是以由菩提而住降也如來因其發心向大貴乎先歷事行而住理自在其中故反其問而答之㫖有以焉

二畧示住心無住

復次須菩提菩薩於法應無所住行於布施所謂不

住色布施不住聲香味觸法布施須菩提菩薩應如是布施不住於相何以故若菩薩不住相布施其福德不可思量須菩提於意云何東方虛空可思量不不也世尊須菩提南西北方四維上下虛空可思量不不也世尊須菩提菩薩無住相布施福德亦復如是不可思量須菩提菩薩但應如所教住

此如來再召當機於降心之後而示住心也復謂重復次謂次第於法之法即起信云所言法者謂

衆生心是。法則攝世出世間。染淨因果有爲無爲。色心諸法也。應者識勉之詞。無所住者。正教不住一切有無等法也。以不住有入塵勞而不作生死之念。不住無居寂滅而不起涅槃之見。是則染淨色心。一切不住。不惟、不住有亦且不住無。不惟不住無亦且不住無無。正是百花叢裏過。片葉不沾身。故云無所住也。所謂下。詳明六塵爲所施之物。此由內不住我。外不住人。故中間不住所施之物。

以故向下結歸則曰。須菩提。菩薩應如是布施。不住於相。此相之一字。卽上來有無諸相也。言不住者。正是無住行施。三輪體空也。何以故下徵起。恐謂無住。云何有福。因借虛空爲喻。試問當機。令知虛空不可思量。則以法合云。須菩提。菩薩無住相布施所獲福德。亦復如是。猶若虛空之不可思量也。故結勸曰。須菩提。若是菩薩。但欲住心者。當如我之所教。須識無住之住。乃眞住也。以上二章。畧答云何應住云何降伏也蓋前章是教諸菩薩應度衆生行法布施修人空觀遣去我執此章是教諸菩薩於塵無住行清淨施修法空觀遣去法非法執自此至果報不可思議無非展轉擴充以顯離相無住之旨也問凡爲菩薩當廣行萬行此中唯言布施何耶答不見道資生無畏法檀義攝於六此中一二三是名修行住若以是推則開一施爲三檀開三檀成六度廣六度爲萬行設約而收

之則萬行不出六度六度不過三檀三檀不出一
布施耳

二廣詳降住 二 一約佛法廣釋降心離相 三 一

佛身離相 三 一正明離相

須菩提於意云何可以身相見如來不不也世尊不
可以身相得見如來何以故如來所說身相卽非身
相佛告須菩提凡所有相皆是虛妄若見諸相非相
卽見如來

以上善吉請益。如來許示。一往至此。理雖明了。未識當機解與不解。但恐說時似悟。對境還迷。故我世尊。換箇話頭試他一試。正所謂水將竿探。人將語探也。所以將因中度生離相之事。却以果上成佛身相勘驗者。正欲看伊道有道無。設或以身相爲有。則伊降心離相之旨。尚未領畧。若是說無。則渠降心之法。稍有相應。故此問云。須菩提。於汝意地之不作。云何曉解。你道即今如來果可以丈六之身。三十二相。卽此就說是見如來了麼。蓋不之一字。正審問之詞。乃世尊之探竿也。向下可見空生是箇細作。見我如來這一問。有些古怪。就如水上葫蘆。捺著便轉。卽對之曰。不也。世尊。此正領前開示離相之旨。故曰。不可以身相得見如來。蓋如來身者。卽法身也。以法身離相。所謂離生死相。離涅槃相。不住於有。亦不住無。故曰。法身淸淨。猶若虛空。應物現形。如水中月。令人撈摸不得。捉拿不得。卽口欲談而詞喪。雖心將緣而慮忘。豈可以現前的丈六之身三十二相而目之哉。良以三十二相固雖超勝天人。然而未免生住異滅四相遷流。尙屬生滅。不同乎法身。不生不滅故也。何所以故。乃徵釋之詞。蓋如來所說非身之身。乃清淨法身也。如來所說之相。乃非相之眞相也。而現前如來所問之身相。不過隨機應現。丈六之身三十二相。豈可卽執是以爲法身眞相哉。意謂眞實法身。卽非身相之可見也。須知不可以三字。并卽非二字。皆當機妙悟。正合離相之旨。故如來見當機所見不謬。喜其氣分相投。卽推門落臼而就之曰。須菩提。你要知道不惟佛身是爲如此。卽世出世間。一切依正染淨色心但凡所有之相。亦皆類此。虛而不實。妄而非眞。故下二句。是令尊者。欲窮千里目。更上一重樓。以其當機雖則解事知音。然於夜明簾外。猶欠轉身一步。設以爲是。未免墮無爲坑生斷滅見矣。故後文云。若作是念諸法斷滅。所以進之曰。若能見得諸相非相。亦不必離諸相另尋法身眞相。須知當體卽是如來淸淨法身眞實之相也。此因空生已會離相之旨。恐能離有未能離無。然捨有之無。如逃峰赴壑。二皆不免於患。故言卽見等。卽之一字。乃教尊者就中從事耳。意謂旣能了得諸相非相。亦不必撥去諸相。不妨卽諸相而見如來也。

二兼示殊勝　二　一善吉疑問

須菩提白佛言。世尊。頗有眾生。得聞如是言說章句。生實信不。

蓋離相見佛。尊者已知。今聞如來微妙開示。若見諸相非相。即見如來之語。當機到此。見其愈入愈深。湊泊不上。故發斯問。頗有者。輕可之辭。即可能有也。言者。直發其詞也。說者。細析其義也。章者。節取其篇也。句者。輳成其文也。實信者。乃中心誠服

諦了無疑不之一字正疑信關頭意謂聞是上來

世尊所談言說章句還可有人眞實生信也無以

實信非率爾泛泛者也

二如來誡說　二　一誡答

佛告須菩提莫作是說如來滅後後五百歲有持戒

修福者於此章句能生信心以此爲實

此如來直訶而誡勉之曰須菩提莫作是說莫者

禁止之詞即莫謂秦無人之莫也是說即指生實

信不之說所謂一言而喪一言而興高山流水自有知音雖然法固深微要知豈無信者不難現前不無乃至當來亦有但非小根劣機而能領畧然有持戒修福慧者自能信爲眞實也五百歳者法輪預記云正法像法各一千年末法萬年初五百歳解脫堅固二五百歳禪定堅固三五百歳多聞堅固四五百歳塔寺堅固五五百歳鬭諍堅固今言後者第五五百歳也戒者防非止惡爲義以外

防七支之非。內止三毒之惡。又戒有三。謂律儀戒。攝善法戒。饒益有情戒。修福者。義亦兼慧。但文畧耳。舉持戒則三學通攝。言福慧則六度全該。此中有持戒之有。能生信之信。此爲實之實。正酬尊者頗有之有。生實之實。信不之信也。

二說勝二　一能信人善根殊勝

當知是人。不於一佛二佛三四五佛而種善根。已於無量千萬佛所種諸善根。聞是章句。乃至一念生淨

信者須菩提如來悉知悉見是諸衆生得如是無量福德

此當知下正明能信諸相非相卽見如來的這個人要知此人非於一二佛邊種得的善根乃是從無量千萬佛所種得來的善根正言事佛多而善根深也此善根二字設依相宗卽無貪等三爲善根也若准本經卽阿耨菩提之心乃萬善之根也

聞是下正言聞是上來諸相非相卽見如來之章

句。乃至者。超畧之辭。意謂不在值佛多種善深。卽一念淨信。獲福亦然。葢一念者。正心空境寂。萬慮銷融。不雜餘緣。唯觀實相。卽一念萬年。萬年一念。淨信者。不起有爲見。不作無爲解。眞俗一齊捐。聖凡悉平等。方名淨信。苟能一念信佛所說。卽諸相而顯實相之旨。此人行止動靜。則爲如來三達洞照。以盡知五眼圓觀。而盡見也。是諸衆生。卽指此淨信之人。得如是無量福德者。指前事佛多種善

深的一樣。同於虛空之不可量也。而此淨信之福
亦復如是。
二所信義離相殊勝二　一順釋所以
何以故。是諸眾生。無復我相。人相。眾生相。壽者相。無
法相。亦無非法相。
此正順釋。徵明一念淨信。卽同見佛多種善深者。
此何以故。蓋是眾生已無四相。故能如是。言無
復者。不更不再之義也。旣無復我等四相。則我空

也。法相者。若依本經而論。即上之言說章句也。今言無者。即文字性空。故云無法相。乃法空也。亦無非法相者。正淨名所謂無離文字而說解脫。即俱空也。是知淨信一念。頓足三空。豈可輕率而言頗有乎。

二轉釋所以

何以故。是諸眾生。若心取相。即為著我人眾生壽者。若取法相。即著我人眾生壽者。何以故。若取非法相。

卽著我人衆生壽者。

此因上章順釋能空我法等四相。始成一念淨信。故此節將我法等四相。一一轉釋。意謂以何意故。定要空去四相。方爲一念淨信者何也。以諸衆生若無淨信。設生一念取著則有許多葛藤。故云若心取相卽著我等四相。此轉釋上無復我相等。正言若取因中度生離相。及取果上之佛身離相之相。雖是極好消息。未免猶有沾滯在。亦不能稱乎淨信也何則一有取著何異世間凡夫外道之著相者是以若心有取卽著四相則不得謂之淨信仍屬我執未忘也若取法相等者此轉釋上無法相一句謂佛滅度後設有衆生雖不執我然取法相如本經以菩提心將謂有法可發於文字般若言說章句而生希取之心則墮在法執於著我等無異亦不得爲淨信也若取非法相等者此轉釋上亦無非法相一句設此衆生雖不執取我法達

得二空然卽坐在俱空境上未免又落法身邊矣亦墮非我人等相不得謂之爲淨信也蓋此經以掃蹤滅跡蕩相除空只要四相冰消三輪瓦解拂三執之浮雲顯三空之寶月所以不惟空我亦且空法不第無法相亦無非法相可謂層層洗剝處處追窮直使諸人執盡情忘而後已也

三結成離相

是故不應取法不應取非法以是義故如來常說汝

等比丘知我說法如筏喻者法尚應捨何况非法

此正結佛身離相也是故者正指不取法與非法也以取法則墮我等四相取非法亦墮我等四相

是故後五百歲持戒修福一念淨信之者不應取佛言說章句爲是阿耨菩提之法不應不取言說章句爲非阿耨菩提之法所謂取不得捨不得不可得中恁麽得蓋我尋常說者汝等須知即阿含方等以至今日降心住心種種之法此如世間渡

河用筏之喻。未渡者。定要取之。既濟者。則當捨之。意謂言說章句。雖是渡生死河之寶筏。然未度生死者。當依之而修。既登彼岸者。應捨之而去。以此觀之。雖佛正法。尚應放下。何況世諦文辭。非佛之法。仍轉堅執而不捨耶。

二果法離相 三 一如來雙審

須菩提。於意云何。如來得阿耨多羅三藐三菩提耶。如來有所說法耶。

此以果法勘驗也。因前筏喻文中。法與非法均不應取。恐當機意謂既不可取。如何世尊三祇煉行百劫修因。以取菩提之果。卽今人間天上。一十六會廣開般若之談。以此而論。是法有取有說。何爲而不捨乎。故此世尊雙設問云。須菩提。汝將謂我有菩提之可得耶。有佛法之可說耶。此正如來探問當機。會與不會也。

二善吉雙對

須菩提言。如我解佛所說義。無有定法。名阿耨多羅三藐三菩提。亦無有定法。如來可說。

蓋當機至此。所造已深。故能靈機脫穎。而出辭吐語。便覺活潑融通。不同前之率爾。意謂如來歷劫修行。自當得果。出世度生。自然說法。如我今者。解佛前來所說筏喻無定之義。言未渡則取。既渡則捨。約是而推。取捨不定。故知無有一定之法。名爲菩提。亦無一定之法。如來可說。蓋尋常如來說得果者。猶空拳誘子。說法可說者。似黃葉止啼。且如來所證之果曰。無上正等正覺者。不過對三賢十聖之有上而稱無上。正等者。不過對聲聞緣覺之偏枯而稱正等。正覺者。乃對凡夫外道之癡邪迷夢假名正覺而已。卽所說之法。如來不過因人而示。就事隨機。遇凡說凡。逢聖說聖。本來無有得與不得。說與不說。一定之法也。

三承上雙釋

何以故如來所說法皆不可取不可說非法非非法

所以者何一切賢聖皆以無爲法而有差別

此下當機自釋謂若有菩提可取及法可說卽取法相則墮於有未出凡情若道無菩提可得無法可說卽取非法相則墮於空又落聖解是知妙有不有故將眞空而遣有眞空不空特假妙有以除空若取果非果者舉念卽墮二邊設說法非法者開口便成兩橛故菩提非相不可相取般若非言

不可言說故云皆不可取不可說也蓋非法者卽領上無法相也非非法者卽領上亦無非法相也此正領前如來所示四無相也當機至是猶恐俱空之義人或難明故用所以者何重徵復釋以明之也賢聖者卽三乘賢聖無爲者卽六種中眞如無爲以無所作爲故名無爲但有一法卽屬有爲非無作爲正顯一切俱空之理也差別者如三獸渡河足分深淺而水無深淺三鳥飛空跡有遠近

而空無遠近。秖因機有利鈍之殊。故成三乘賢聖之差別耳。

三引事況勝二　一引事

須菩提。於意云何。若人滿三千大千世界七寶以用布施。是人所得福德。寧為多不。須菩提言。甚多世尊。何以故。是福德卽非福德性。是故如來說福德多。

此引外事較量也。蓋佛與當機同一鼻孔接物利生。酬唱至此。恐聞無為無法。不可取說。便欲毀廢言教。甘坐無爲坑裏。是以引此非喻爲喻較量福勝。令其受持弘通。所謂欲會無爲理。先從有事看。故假大千之寶施而設問須菩提於汝意地之下。是爲云何。設若有人。以七寶者。卽金。銀琉璃硨磲瑪瑙赤珠。頗黎也。三千大千者。乃我釋迦一佛之化境也。如一欲界。一須彌山。鎭四部洲。其山之腰兩輪日月。四大天王。各有八天。山頂爲忉利所居。下統諸天。共爲三十三天。自此而上。有夜摩。兜率。

化樂他化自在至此皆欲界也再上乃色界四禪天第一初禪統一欲界集合一千初禪欲界爲二禪一統名一小千界又集合一千二禪梵釋爲三禪一統名一中千界更集合一千三禪梵釋爲四禪一統名一大千界以三次言千故云三千大千滿謂充滿以顯寶施之勝是人獲福還多耶不多耶須菩提言寶滿大千而行檀度自然福勝故云甚多此就福德相而答也須知如來之意亦不在

此無非假此較量經勝而已。故當機自釋云。何以故。佛以大千寶施見問我亦就世間福德之相而答甚多。是約俗諦有相有爲而言。若在勝義諦中絕相無爲。豈可言福不福而曰多不多哉。是福德者。卽指上寶施之福德。蓋就世諦之相。非勝義諦之性也。以此性。卽眞如無爲眞實之性也。故不可以多少而論。今言多者。乃就有爲俗諦而說。以是義故。如來見問我所以約世諦而說福德之甚多也。

二況勝

若復有人。於此經中受持乃至四句偈等。爲他人說。其福勝彼。何以故。須菩提一切諸佛。及諸佛阿耨多羅三藐三菩提法皆從此經出須菩提。所謂佛法者。即非佛法。

此中舉法較前財施也。意謂設若復有一人。於此般若經中隨便受持。或一卷半卷。乃至一句二句三句以至四句偈等。不但自持。又能爲人演說其義。則其所獲福德勝彼前來三千寶施之福德也。此中四句。諸家所說。議論紛紜。有謂夢幻泡影者。有謂色見聲求者。有謂無我相等者。有謂諸相非相者。有指一偈一句。一題一字等者。以上盡古人之糟粕耳。若以爲是。何異貧子讀豪家之劵。與自己何干。要知此四句。不離吾人日用。須向自己脚跟下薦取。始得。設要依文字解釋者。正不必指定。

何則。以楞伽云。長頌及短偈。是知不論長短。凡成四句者皆是。故本經云。隨說是經乃至四句偈等。此則原無定指也明矣。而善閱教者。應求活句。莫泥死句。則不被文字瞞也。故下徵釋云。此經四句。便能包括一切諸佛之法身報身化身。並所證阿耨菩提之果法莫不皆從此般若經而流出者。此何以故。縱前三千七寶之多。亦不及持說此經四句偈耳。須菩提下。結辭也。近結諸佛之佛字。菩提

法之法字。卽躡此二字而結之也。蓋如來之意說

吾所謂佛法皆從此經而出者。不過因其有迷有

悟。有聖有凡。此約世諦有爲而言。若在勝義諦中。

則十方三世海中漚。一切聖凡如電拂。又何佛法

之可得哉。故云。卽非佛法。此近結耳。若遠結者自

佛言須菩提。諸菩薩摩訶薩應如是降伏其心起。

乃至度生離相。佛身離相。果法離相。直至此中並

佛法也無。則離相之旨。可謂離而又離。此遠結也。

首約佛法廣釋
降心離相竟

二約聖果廣釋住心無住四　一歷明無住三　一

小乘聖果二　一泛論三　一見道位

須菩提。於意云何。須陀洹能作是念。我得須陀洹果不。須菩提言。不也。世尊。何以故。須陀洹名爲入流。而無所入。不入色聲香味觸法。是名須陀洹。

此章廣釋前來菩薩應如是布施。所謂不住色聲香味觸法等也。蓋佛欲當機深解此住心無住之法。即將彼自所證果一一指而探問。俾知菩薩與聲聞雖有大小之別。然無住之道則一。但以根有利鈍。發心之大小不同耳。正所謂一切賢聖皆以無爲法而有差別也。蓋如來此問無非借口傳言。只要當機自述無住而已。然住者乃取著之意。即生心舉念取相躭著也。故向下依次審問皆云能作是念不。正如來善用權智捉賊追贓。令不打而自招也。當機俱答不也。即此二字觀之。是尊者將無住之理明目張膽告白諸人已定而況其引人類已以已方人復曰世尊我不作是念則矢上加尖而無住之理益彰明者矣須菩提於意云何我且問你將謂初果之人還作如是之念說我得初果不麼不之一字乃審問之意言還作是念耶是不作是念蹔向下問答皆如此釋須陀洹此云入流以根不入塵故又名預流以初預聖流故亦名逆流以逆生死流故復名抵債謂不受業債故然

此四果復有四向謂向於果故即須陀洹向等此四果中初爲見道次二修道後一無學道且初修行得入見道謂十六心斷三界四諦下八十八使分別麤惑方證初果始名見道然約三界各有四諦每諦下各有煩惱即貪瞋癡慢疑身見邊見邪見見取戒禁取所謂苦下具一切寂滅各除三道除於二見上界不行瞋初句即欲界苦諦下全具十使次句即寂滅二諦下各除三見謂身邊戒禁

取也。除此三者。以緣身是苦本。觀苦則斷身見邊見依身而起。故亦隨之而亡。無戒禁取者。以集諦不計非道爲道。滅諦又非修位。是故皆無戒禁取。然道諦當修位。容或有之。故不除也。是以云道除於二見。不除戒禁取耳。由是苦下具十。寂滅二諦下各七。通前即二十四。道諦下八。合爲三十二。後句云。上界不行瞋。即於二四諦下各除一瞋。每界各有二十八。共成五十六。兼下欲界三十二。即總合爲八十八也。云何十六心。謂欲界四諦下。各一智一忍。以成八心。又合上二界爲一。四諦類下欲界觀斷。亦各一智一忍。以成八心。二八卽爲十六心也。智卽無間道。乃斷惑時。忍卽解脫道。是斷了時。所謂苦法智忍。苦類智忍。乃至道法智忍。道類智忍。斷至十五心。道類智名初果。向至第十六心道類忍。名證初果。入於見道。爲須陀洹。分別麤惑一時頓斷。猶如劈竹三節并開。卽以見諦八智爲初果體。此初果之行相。乃見道也。

二修道位 二 初二果

須菩提。於意云何。斯陀含能作是念。我得斯陀含果不。須菩提言。不也世尊。何以故。斯陀含名一往來。而實無往來。是名斯陀含。

梵語斯陀含。此云一來。但於人間天上。一度往來。故名一來。不過一來人間以斷欲界六品修惑。言欲界修惑者有四。卽貪瞋癡慢。此是俱生細惑。任運起者障於修道以難斷故分爲九品所謂上上乃至下下此九品惑二三果人斷之斷至五品名二果向斷六品盡名第二果故俱舍云斷至五二向斷六一來果一往等者以九品修惑能潤欲界七生謂上上三品各潤兩生中中三品各一生下下三品共一生故云獨也二共也二獨也一共也一獨也半共也半今斷六品已損六生猶有下三品殘惑未盡還潤欲界一生是故一往天上還須

一來人間受生。斷餘惑也。此果即以見道八品無爲。及修道六品無爲。乃此果體。而實無往來者。以有往來。是有漏。如修戒善。或生天人。天福報盡。又轉人間。此是凡夫隨業牽引。上下往來。聲聞進修無爲。前念稍著。後念即覺。無爲法中。來無所從。往無所至。既達心空無我。尚不可說無往來。何得更說有往來哉。

次三果

須菩提。於意云何。阿那含能作是念我得阿那含果
不。須菩提言。不也世尊。何以故。阿那含名爲不來。而
實無不來。是故名阿那含。
梵語阿那含。此云不來。亦云不還。斷欲界九品修
惑俱盡。從此寄位四禪。生淨居天。更不還來欲界。
故曰不還不來也。謂前九品惑中。餘下三品斷至
八品。名三果向。斷九品盡。名第三果。故俱舍云。斷
惑七八品。名第三果向。九品全斷盡。卽得不還果。

不還者。欲界修惑但餘三品。三品煩惱共潤一生。今已斷之。更無惑潤。杜絕葛藤。故不還來。此第三果。卽以見道八品無爲。及修道九品無爲爲此果體。而實無不來者。情執俱超。智理并遣。三界之見已盡。下地之思將空。雖云不來。以悟無我。故不妨無來而無不來也。以上二三果俱修道也。

三無學位

須菩提。於意云何。阿羅漢能作是念。我得阿羅漢道不須菩提言。不也世尊何以故實無有法名阿羅漢。世尊若阿羅漢作是念。我得阿羅漢道。卽爲著我人衆生壽者。

梵語阿羅漢。此云無賊。以三界見修煩惱盡故。亦名不生。以不受後有故。又名應供。以應受人天供養故。此位斷上二界各有三種修惑。謂貪癡慢此惑微細難除。故約八地分之。每地分成九品。合成七十二品。每品各有一無間。一解脫。斷至七十一品名阿羅漢向斷七十二品惑盡成阿羅漢果此果若以見修合論兼欲界一地總以八十九品無爲爲此果體實無有法者言阿羅漢不過無煩惱不受生應受供以是義故名阿羅漢除此之外更無一法名阿羅漢也世尊下反釋云若一作念我得此道則四相宛然何異凡夫由此驗知必無是念也前三果人研眞斷惑居有學位故立果義以酬其因此阿羅漢乃無學人也具戒定慧道共定

共分段生死之果已盡見思苦集之因已亾三十七品已真修有餘無餘而證得正謂我生已盡梵行已立所作已辦不受後有已獲盡智無生智矣至此惑盡真窮無法可學故名無學即永嘉道絕學無爲閑道人也此明無學道竟文文中不言果而曰道者以顯證極此理而與覺道相近故不言羅漢果而曰羅漢道也

二確證

世尊。佛說我得無諍三昧。人中最爲第一。是第一離欲阿羅漢。世尊。我不作是念。我是離欲阿羅漢。世尊。我若作是念。我得阿羅漢道。世尊。即不說須菩提是樂阿蘭那行者。以須菩提實無所行。而名須菩提是樂阿蘭那行。

此正當機以己方人。故將自己生平一一自供自招。顯出無住之義。以爲四果確證。然雖如是。要知空生硬作主張。頁有所以。首則暗合如來無住之旨以助佛轉輪次則明顯已說不謬因前已說一切皆以無爲有別而上具答不也實無往來實無不來實無有法乃至自證則曰我不作是念實無所行者此皆正顯因無爲法而有差別也以此諦觀則公私俱備而當機之用心噫可謂精且細矣世尊下正是引已作證即以佛所印許而證前四果無住之義兼顯無爲差別之旨也無諍者華嚴經云有諍說生死無諍說涅槃即古云諍是勝負

心。與道相違背。今云無諍。是無我無人。無彼無此無高無下。無聖無凡。一相平等。無住眞空。但有住著。卽有對待。但有對待。卽有諍端。長繫生死。何由解脫。涅槃經云。須菩提住虛空地。若有衆生嫌我立者。我當終日端坐不起。嫌我坐者。我當終日立不移處。是以一切法中不起一煩惱。不惱一衆生。故得無諍也。三昧者。此云正定。亦名正受。又名正見。第一者。卽諸大弟子中。出乎其類。拔乎其萃。而稱無諍第一。由解空故也。我不作是念者。言佛雖嘉讚。而我不萌一念有得之心。謂是無諍第一人也。梵語阿蘭那。此云無諠。亦云寂靜。皆無諍之義也。行者。卽無諠寂靜無諍之行也。實無所行者。此行之一字。正乃取著分別心也。今言實無所行者。卽於一切法中。離其取著分別。而正顯此不住無爲之義也。

二佛所得法

佛告須菩提於意云何如來昔在然燈佛所於法有所得不不也世尊如來在然燈佛所於法實無所得

此乃世尊引己作證也因當機泛引確證一一不謬說著老漢心事不覺技癢起來道不唯汝等於我跟前無法可得四果即我昔日於然燈佛所亦無法得佛果菩提故反問之曰如來於然燈處有所得不當機至此心領神會已知佛果性空解得菩提非相得而無得無得而得遂而答曰實無所

得以實際理中一塵不立尚無能得之心何有所得之法故云實無得也然燈佛者乃我如來二僧祇劫授記之師也即法華云燈明八子妙光開化所謂最後天中天號曰然燈佛者是也本行集經云昔有大城名蓮花國有王名降怨有一婆羅門名曰日主爲王所重分與半國稱爲埏主夫人月上所生一子名釋提洹竭出家成道號曰然燈亦名錠光以初生時一切身邊如燈光故復有名靈

童者瑞應經云儒童出家於雪山南珍寶梵志會下為五百弟子之首法名善慧仙法學盡辭師還家師曰汝當以清淨傘蓋革屣金杖金錢五百報恩而還慧乞放歸適遇無遮大會得金錢五百躬奉師處過蓮花國聞有然燈佛欲往親近時有婢女賣優鉢羅花即將金錢三百買花五枝女聞供佛倩寄二枝誓作因緣時佛入城善慧將花獻佛散佛頂上以願力故結成傘蓋隨佛行住佛以神

力地現有泥。善慧布髮掩之。作念願佛踏我身過。授我成佛之記。不蒙記莂。我終不起。然燈即至履身而過。止衆莫踏。乃授記云。此摩那婆於未來世當得作佛。號釋迦牟尼。十號具足。如我無異。佛授記已。即登八地。且道世尊將這陳爛葛藤拈出何爲。一則證盟當機。令衆生信。次則顯示無得。正明無住之旨。可謂一點水墨兩處成龍矣。問前在果法離相章中。則曰須菩提。於意云何。如來得阿耨菩提耶。如來有所說法耶。已問過矣。此奚重問。答。前問是釋法尚應捨。何況非法。以明度生離相之旨。乃就佛果上所得有無為問。此問是釋所謂佛法者。卽非佛法。以明住心無住之義。乃以佛因中於法得與不得為問。則前問是佛果上自證菩提。此問乃如來因中求得佛果菩提。義自各別。故不重也。

三菩薩莊嚴

須菩提。於意云何。菩薩莊嚴佛土不。不也世尊。何以故。莊嚴佛土者。卽非莊嚴。是名莊嚴。

此以菩薩結證無爲差別也。須菩提下。謂汝旣知無爲法中。佛於然燈。實無所得。可知佛爲菩薩時三大僧祇。修行六度。莊嚴佛土之事不。不也世尊下。謂據無爲法中。實無有莊嚴佛土之事。何以故下。釋成不也之所以。言莊嚴者。自淨其心也。佛土者。惟心淨土也。空生已解。淸淨爲心。但能心淨則佛土淨故答不也莊嚴佛土者乃約俗諦說實報土也以菩薩六度萬行福慧莊嚴所不無者故說有莊嚴耳即非莊嚴者此就真諦明法性土也乃清淨性地寂光真境即吾人之自心其爲體也離四句絕百非不可以智知不可以言說正謂心行路絕語言道斷倘不可以無相論量豈可說有相莊嚴若然則是向虛空著楔爲混沌畫眉矣是知心原非相土豈可嚴故曰即非莊嚴也是名莊嚴

者乃雙融二諦以第一義中真空不礙乎妙有妙有無礙於真空雖在實際理地本無莊嚴之可得若今時門頭不妨熾然莊嚴雖無莊嚴之實然亦不廢莊嚴之名故曰是名莊嚴也須知即非莊嚴乃不取法是無法相也是名莊嚴乃不取非法是亦無非法相也

二正明無住

是故須菩提諸菩薩摩訶薩應如是生清淨心不應

住色生心。不應住聲香味觸法生心。應無所住而生其心。

是故二字。乃結定之辭。頁由前來畧示廣釋。始自小乘聖果。而至佛所得法。菩薩莊嚴種種分析。莫不皆明無住之義。至此結云是故須菩提最初問我應云何住。我則答言應如是住。然復畧示則曰。菩薩於法應無所住。乃至菩薩但應如所教住。今此直提初問初答之語而正結也。故言諸菩薩應當如是生清淨心。如是者。乃逆指上來畧示廣釋種種無住之文是也。生清淨者。所謂清而不濁。淨而無染。若菩薩心中稍有一念住著。卽爲濁染。不名清淨。然則清淨如何生心。但二六時中。不沾一塵。不染一法。淨夥夥。赤灑灑。卽是不住色等而生心也。以此般若妙心。猶淨明鏡。若住一塵。卽被一塵染污光明。一塵不住。則物物斯鑒。正所謂但有一些些。便有一些些。直饒寸絲不掛。萬里無雲。卽

虛空也須喫棒者此也應無所住者眞空也而生
其心者妙有也而應之一字反上不應也謂行檀
者與此六塵應當一無所住毫無所著而生其者
方謂清淨無住之心以是行檀正起信云以知法
性體無慳貪故隨順修行檀波羅密若以無住生
心合而言之乃眞俗混融爲中道第一義諦是敎
住心菩薩心無所住住亦非住生卽無生無生而
生但涉一念則心有所著塵有所入不名無住便

成有住。不名淨心。便成染心。直饒有箇不住境的
念頭則早已住却了也。欲不住境須不住心苟能
心無所住。方知境亦無處。正是路到水窮山盡處。
行興自消。火至灰飛烟滅時。餘燼自冷。果然如是
雖終日生而無生。終日住而無住。不生之生。不妨
任運而生。無住之住。何礙隨緣而住。以是而推。則
穿衣喫飯。無非本地風光送客迎賓盡露當人面
目。所謂塵塵是寶。處處逢渠。則何法不屬無住眞

心。是物皆彰、般若妙體。是以當機前來於乞食時。偶向如來行住坐臥動靜往還袈裟角下鉢盂。身邊。觸著些子。以故嘆佛爲希有者。正是於此無住理中稍見一班耳。若夫黃梅得旨。曹溪悟入。較之當機又其次也。

三喻明無住

須菩提。譬如有人身如須彌山王。於意云何。是身爲大不。須菩提言。甚大世尊。何以故。佛說非身。是名大身。

此以喻結法也。良以上文所說清淨心者諸佛之所證也。菩薩之所修也。衆生之所迷也。乃凡聖之分疆生佛之總路也。故迷之則六道輪迴。悟之則三德秘藏。即今世尊祇園會上亦無別法可說。不過就人本有而指示也。所以前來著衣持鉢去來行坐。無非發明本地風光。當機於此。雖然得箇消息。其如當時大衆眼鈍頭迷。只知著衣時隨衆著衣持鉢時隨眾持鉢終日忙忙碌碌同人起倒逐隊成羣往來舍衛出入祇園要且不知本命元辰在甚麼處是以尊者自慶已知悲他未悟三業虔誠五輪著地合掌一心頓興三問所謂善男子善女人如何發阿耨多羅三藐三菩提心如何應住如何降伏而我世尊則喜其問之當請之誠故即讚而許之曰善哉善哉須菩提如汝所說乃至汝今諦聽當爲汝說善男子善女人發阿耨多羅三

藐三菩提心的道理。并如是住。如是降伏的道理。
而當機至此就上一扒曰唯然世尊願樂欲聞。以
故如來將錯就錯。一一反其所問而答之也。是以
初酬住降之請。次答菩提之問。乃於初中。而開廣
畧二門。初則畧示。次復廣詳。委細發明降心離相
住心無住之旨。上來已竟。然此無住清淨眞心。人
雖日用迷不自知。是以世尊巧設一問。以喻合法。
借事顯理。令衆生易知而易解也。即作二釋。一就

喻詳事。二合法顯理。經初須菩提譬如有人。身如
須彌山王。是身爲大不。此非喻爲喻也。卽是說設
若有人。其正報身量。猶如須彌山王。梵語須彌盧
此云妙高山。乃四寶所成。以故爲妙。獨出羣峯。是
以稱高。下踞金剛際。居四海中央。出水八萬四千
由旬。入水八萬四千由旬。環列七金。總統六萬諸
山。而爲眷屬。縱雖海浪千尋。此山巍然不動。故名
山王。於意云何。徵起而問。於汝須菩提意下。若何

是人之身可還爲大不尊者答曰若是身量如須彌山可謂甚大世尊蓋此一答乃尊者就事論事因如來問大所以答大也而當機亦知佛意原不在此故向下就路還家打一轉語云雖身等須彌猶未爲大何以故佛說非身是名大身此非身名大者指法身也而此法身包萬象括森羅非大非小非形非色故曰非身即是名之爲大身也夫法身之爲身者其大無外其小無內非形相可取非

色法可見非心智之可測非數量之可知放之則
彌六合卷之則退藏於密故淨名云佛身無爲不
墮諸數此正以非身無漏無爲是名清淨大身也
以上乃就喻詳事若欲合法顯理者則須彌四寶
所成居四海中環七金而統六萬雖千波萬浪而
不能動者以喻此淸淨心乃具常樂我靜四德如
山之四寶成也言居四海中者以此心自無始來
迷眞逐妄常居四生煩惱海中環七金而統六萬

者。正明此心混生死於七趣六道也。雖波浪而不動者。正顯此心雖在生死煩惱海中。六道七趣之內。從來不會動著絲毫。所謂磨而不磷。涅而不緇。生則未嘗生。滅亦未嘗滅。即在生死而不垢。雖處涅槃而不淨。此不淨者。正是本來無染。不可說淨。不淨之淨。乃眞淨也。此正無住淸淨眞心耳。然其體也。包含萬法。總括十界。豎徹如如之底。橫窮法界之邊。語小天下莫能破。語大天下莫能載。故言甚大雖然此甚大二字。猶有說焉。蓋世尊止問大不。當機合答大。卽能事畢矣。何答甚大。須知此甚之一字。乃尊者轉身之句也。意謂須彌雖大尙屬有爲。五位法中色法所攝。三性之內。無記性收。有方分之可析。歷劫火而成灰。且世尊先說凡所有相皆是虛妄。是則十方世界。尙爾猶虛。何以一芥須彌。認之爲大。故知須彌之大。未大也。十方之寬未寬也。能包十方之寬。能吞須彌之大者眞大也。

故云。佛說非身。是名大身。此二句合上應無所住。而生其心。苟知無住。卽識非身。但了淨心。自解大身。此以非身大身。而喩住於無住也。意謂若住於相。雖山王亦小。設無所住。雖毫末亦大。至此則法喩顯然。理事俱備矣。若約三德會釋者。則淸淨心法身德也。應無所住。般若德也。淨心行檀。解脫德也。設用本經會釋。則淸淨心爲實相般若。應無所住。乃觀照般若。淨心行檀。卽文字般若。是則三而

非三一而非一不妨隨三道三就一說一至此則無住之理無餘藴矣向下不過勸持較量而已

四較量顯勝二　一校量

須菩提如恆河中所有沙數如是沙等恆河於意云何是諸恆河沙寧為多不須菩提言甚多世尊但諸恆河尚多無數何況其沙須菩提我今實言告汝若有善男子善女人以七寶滿爾所恆河沙數三千大千世界以用布施得福多不須菩提言甚多世尊

以上種種敷陳至是則無住之理已彰明矣故如
來舉此校量以顯持說之功也但前惟大千寶施
今復以恒河大千寶施者祇是以相施之多益顯
無住受持之功勝耳非有優劣之分也此言恒河
者亦名殑伽此翻爲天堂來以出處之高也又云
福河以眾生入中能生福故蓋此贍洲向北有九
黑山次有大雪山更有香醉山於此香醉之南雪
頂之北有池名阿耨達此翻無熱惱縱廣五十由

旬八功德水充滿其中池有四口各一由旬四口出四河各繞池一匝四種寶色不相雜亂湍流入海各分二萬五千道大河流灌四洲東牛口出殑伽河銀沙混流入東南海南象口出信度河金沙混流入西南海西馬口出縛芻河琉璃沙混流入西北海北師子口出徙多河頗支沙混流入東北海兹言殑伽卽牛口出迴流四十里沙細如麪佛嘗居此凡論數量舉此爲譬而恆河之沙已無限

量況復沙等恆河則甚多可知前一大千世界寶施已爲多矣況此沙等大千世界之寶施乎故甚多也此則較量已定

二顯勝二　一畧持人處勝二　一人勝

佛告須菩提若善男子善女人於此經中乃至受持四句偈等爲他人說而此福德勝前福德

葢文字般若能詮實相觀照無住眞心凡受則信受此心持則奉持此心卽四句悟入此心爲諸人

開示此心。能使自他俱明此心。故此福為勝也。前寶施之福屬有為。故劣。此法施四句屬無為。故勝。正謂還丹一粒。點鐵成金。至理一言。轉凡成聖。恆沙多寶。功屬有為。不過報感人天。若受持經。心明無住。自此見性成佛有分。故此福德勝前福德。

二處勝

復次須菩提。隨說是經。乃至四句偈等。當知此處一切世間天人阿修羅。皆應供養。如佛塔廟。

此隨說二字。約有四義。一隨說人。不揀僧俗凡聖。二隨說義。不論事理精麤。三隨說經。不定章句前後。四隨說處。不拘城市山林。當知此處。一切世間總該三界六趣。此中惟舉三者。以天人通三界。或順或逆修羅雜四生。有實有權。凡具性靈。應遵佛敕。供養是處。以植勝因。然供養之法。畧有十事。所謂香花瓔珞末香塗香燒香旛蓋衣服技樂合掌禮拜也。梵語塔婆。或名窣堵波。此翻方墳。亦名圓塚。又名高顯處。梵語支提。此云靈廟。廟者貌也。供佛形儀相貌故。然塔有多種。今且言四。一生處塔。二成道塔。三轉法輪塔。四般涅槃塔。今教供養其處者。以此處卽是道場。四句般若。自受爲人。自利利他。說者聞者明心見性法身妙體從此聞經處生。卽生處塔也。佛果菩提因聞經處成。卽得道塔也。隨將四句爲人解說。卽轉法輪塔。自利利人。理事究竟。卽般涅槃塔。須知說全經處卽有如來全身隨說誦持。即有碎身舍利。是故說經之處。理宜珍重。一切人天。應當供養。

二廣持人處勝^二一人勝

何況有人盡能受持讀誦。須菩提。當知是人。成就最上第一希有之法。

此因隨說四句處。尙爾當供。何況於一軸全經盡能受持讀誦解說之者。須菩提。當知是人。成就二字貫下。以明三身具備之義。何謂。以其成就法身最上之法。無漏無爲離名絕相。再無一法加之於前。更無一法越之於上。故名最上。乃法身也。成就報身第一之法。以萬德而爲莊嚴。將百福而成相好。衆聖中尊。更無過者。故名第一。此報身也。成就化身希有之法。在天而天。在人而人。羊中現羊。鹿中現鹿。分形散影。隨類現身。希奇少有。故云希有。爲化身也。由是而觀。其爲人也。三身圓具。而勝可知矣。

二處勝

若是經典所在之處。卽爲有佛若尊重弟子。

此經典所在。乃法寶也。卽爲有佛。正佛寶也。尊重弟子。爲僧寶也。斯則三寶備足。一處全彰。則其處勝。愈可知矣。此較量顯勝。而必約廣畧釋者。正爲般若有廣畧二門。說既有二。受持亦然。又廣畧中。必有自持教他。卽付財轉教意也。卽法華云其中多少。所應取與。此中之畧。正彼之少。此中之廣乃彼之多也。自行爲取教他爲與。受持讀誦。是佛付財。爲他人說。是佛令轉教。例之前後。靡不咸然。至此則明降住其心一章已竟。

二彰般若妙用 二 一善吉請名

爾時須菩提。白佛言。世尊。當何名此經。我等云何奉持。

當機聞得經在佛在。持說殊勝。未識何名。若爲奉持。以故請名。而并請奉持之法也。

二如來垂示二　一出名教持二　一正標

佛告須菩提。是經名爲金剛般若波羅密。以是名字。汝當奉持。

此中立名之義。謂此經離相無住之用。取喻金剛。以之觸有則有壞。觸空則空銷。觸著中道則百雜碎。正是諸法盡掃。纖埃不留。名爲金剛。所謂奉持者。亦無別法。不過因名會義。達諸法空而已。若約法喻并稱。華梵雙舉。則詳釋名義。已載經前。茲不煩贅然名者所以召實也且道金剛般若波羅密畢竟是箇甚麽莫是最堅最利一切物不能壞能壞一切物者將謂此寶以喻般若能壞煩惱而煩惱不能壞者即就是麽然雖近理恐沒交涉蓋此金剛般若者乃現前諸人個個本有的離相無住眞心是也故我如來歷劫修行全用此心出世成道亦用此心以用此心而能於割不斷處一切割斷放不下的全身放下今被當機徹底掀翻兜根

直索。只得和盤托出。但要諸人認取。須知此心。乃成佛作祖。戴角披毛的本錢也。設捨此心。別無有法。故教以是名字。汝當奉持。苟能悟此心法。則知心本無心。法亦非法。說甚波羅密。不啻隻爛草鞋耳。所謂佛說一切法。為究一切心。若了一切心。何用一切法。以故空生尊者。特地請佛廣為諸人點出一個般若真心。在我世尊。也只要諸人奉持此心。則參學事畢。未識諸人。還能領取此心否。咦。你若無心我便休。

二重釋

所以者何。須菩提。佛說般若波羅蜜。即非般若波羅蜜。是名般若波羅蜜。

所以者何。乃出命名。所以。蓋佛因吾人迷本淨心。晦爲業識。轉將智慧。翻作愚癡。背涅槃城。趣生死路。是以貪瞋境上。枉受飄零。解脫法中。自取流轉。茲者欲轉妄識。須示眞心。爲破愚癡。特明般若。教離這裏始說那邊。正是將我甜瓜。換伊苦李。故言佛說般若波羅密也。設或吾人。二六時中。念茲在茲。觸著磕著。識取本有眞心。會得自家般若。若然則敲空繫木。尙滯筌罤。瞬目揚眉。皆成漏逗。故言卽非般若波羅密也。到得這裏。旣知法本無說。心豈有名。雖然如是。不妨向無說中而施說。於無名處而安名。故曰是名般若波羅密也。然此三句。乃本經之綱領。亦大藏之精要也。設廓而充之。則佛

祖心肝聖凡腦髓五宗三教無量妙義百千法門
亦不出此無暇泛指今且仍遵經論畧明觀法斷
惑證理以便初機習學蓋此般若眞心而喻之以
金剛者良有意焉以其能會三止融三觀斷三惑
達三諦證三身也所謂佛說般若波羅密卽方便
隨緣止謂心隨俗理故假觀也俗諦也屬言說章
句能斷世間凡夫外道執我等四相之惑證化身
也卽非般若波羅密此體眞止以體妄卽眞故空

觀也。眞諦也。能斷出世間聲聞緣覺執文字章句成非我等相之惑證報身也。是名般若波羅密。此息二邊分別止。以不當空假故中觀也。第一義諦也。能斷出世間權位菩薩撥無文字。是名我人等四相之惑證法身也。以上據諸經論而釋也。若依吾宗自有法界三觀。言佛說般若波羅密。此理事無礙觀。謂依理成事。事能顯理。卽文字般若以顯解脫德也。能除世間我執。卽我空智也。卽非般若波羅密者。此眞空法界觀。以會色歸空。泯絕無寄。卽觀照般若。以顯般若德也。能除出世間法執。卽法空智也。是名般若波羅密。此周徧含攝觀。謂理如事。事如理。乃至普融無礙。一攝一切。一切入一。卽實相般若。以顯法身德也。能除一切權乘法非法執。卽俱空智也。言上來所約雖有三名。唯是一心。舉一卽三。言三卽一。如天王之三目。非縱非橫。猶梵伊之三點。不卽不離。此本經之要旨。吾宗之心印也。學者幸勿厭繁而忽之。問。正標中云金剛般若。重釋中止云般若。不說金剛何也。答。金剛喩也。般若法也。今舉法而攝喩矣。

二卽事顯用 二 一 彰般若離相用 五 一 說法離相

須菩提。於意云何。如來有所說法不。須菩提白佛言。

世尊。如來無所說。

自此向下。乃如來用金剛妙慧徧蕩聖凡一切執蓍以彰離相之勝用也。蓋佛至此。恐有尋香逐塊之流。聞上立名。未免有疑。謂佛前言無法可說。今復立名。是佛有自語相違之過也。故此問云。汝謂如來有法說不。此正欲空生當下了達說即無說。且喜空生果是其人。已達言說性空。乃云如來說法寶無所說可謂。斷著便知。一肩擔荷去也。

二依正離相　二　一依報

須菩提。於意云何。三千大千世界。所有微塵。是爲多

不須菩提言甚多世尊須菩提諸微塵如來說非微塵是名微塵如來說世界非世界是名世界

此遣依報也依者乃衆生依止之處即共業相感之報耳以如來一往發明離相無住般若眞心又恐當機錯下註脚將謂識得一萬事畢即這個就是般若是則又向死水中淹殺了也故此連舉依正并世界微塵者正要當機於法法上會取般若了得塵界性空達得離相玅用則無往而非此心

之般若也。所謂青青翠竹。總是眞如。鬱鬱黃花無非般若。是則簷前鵲噪。皆演摩訶。檻外雲流。俱彰實相。以故問云。大千世界及諸微塵是爲多不當機對曰。甚多。佛言。汝雖知世界微塵之多而尙不知微塵非微塵也。何則。以世界散而爲微塵。則塵無自性。悉假因緣。因緣故空。以故一微空處衆微空。衆微空中無一微。原無實性。所以曰非。以不廢假名。故言是名耳。能造既爾。所造亦然。故世界亦非世界者。以微塵合而爲世界。則界無自性。乃因緣生法。是亦爲空無有實性。故亦曰非。以不廢假名。故亦曰是名耳。然此非之一字。正顯離相之用。是之一字。乃離卽離非。是卽非卽之是。所謂卽是用而離。是用也。

二正報

須菩提。於意云何。可以三十二相見如來不。不也世尊。不可以三十二相得見如來。何以故。如來說三十

二相卽是非相。是名三十二相

此道正報也。卽如來三十二相正報之身也。觀佛之究竟。當機亦可謂婆心徹困矣。至此欲其直下承當。會取離相之用。輙以已身而爲勘驗。正是爲憐三歲子。不惜兩莖眉。以故問之曰。可以三十二相見如來不。言三十二者。卽始自足下安平。終至頂中肉髻。蓋當機前來已解離相見佛之旨。故此應聲如響。道不也世尊。不可以三十二相得見如來。何則。以眞佛非形法身非相。故自徵云。此何以。故。當知世尊所說三十二相。卽是應身三十二相。原非法身無爲之相。然此三十二相。若在法身之中。不過是名而已。故曰是名三十二相。以應身之相。乃福德成就。法身之相屬智慧莊嚴。至此可見大而世界。細而微塵。法說非說。佛相非相。以至般若非般若。則離相之用。可謂彰且著矣。向下不過況顯伸解結成而已。

三顯示經功

須菩提。若有善男子善女人。以恆河沙等身命布施。若復有人。於此經中乃至受持四句偈等。爲他人說。其福甚多。

此中以福較慧明離相之用。以顯經功。但此比前不同。前皆財物。此以身命故也。良以理進一層則較量亦增一層。所謂水長則船高耳。身施如尸毘之代鴿。命施若薩埵之飼虎。皆不及此經之四句者以此般若離相之用直透法身向上不唯實施弗及即身命亦弗如也問經中往往言四句偈功德殊勝果何說乎答佛說金剛般若波羅密經能所纔得八言曰即非曰是名而已則此一名而詮顯法界三觀三止三諦斷三惑除三執具三名證三身顯三德獲三空皆由是而彰也只如說三千大千世界微塵之依報三十二相之正報若據實體則無量無邊之廣大勝𭔃此則不過數字收之

盡矣。卽如世間天子之璽，不過荆玉一方，亦止八字，曰受命於天，旣受永昌。而其體也，唯玉一方，而其文也，止於八字。然其爲用，未易可言。何則，因之繼天立極，子惠萬民，鎭安中外，取信立德，定乾坤，達神鬼，莫不由之。方之文字般若，四句雖少，而其爲功則甚大明矣。故不可以世諦有爲內外財施而較也。如至尊德業，非羣臣事業可得而比也。

四開義述解 二 一當機伸解 三 一解自聞希有

爾時須菩提聞說是經。深解義趣。涕淚悲泣。而白佛言。希有世尊。佛說如是甚深經典。我從昔來所得慧眼。未曾得聞如是之經。

此當機呈解也因前初請降住之法所以佛為指示迄至乍聞離相度生無住行施非相見佛未免茫然故云頗有眾生得聞如是生實信不因伊一問累我世尊且誡且談展轉發明循循善誘曲曲提撕已至今日所謂陽春布德花香漏泄於枝稍

素月流輝。波印透開於潭底。當機此際。拋下草菴

趨入寶所。方見老漢眞心。始解太平無象。是以感

悔流涕。喜極成悲。言是經者。即一往所談文字般

若。言義趣者。義即義理。即所詮離相無住。妙有不

有之理。乃前處處言即非者是也。趣即旨趣。即般

若妙用眞空不空之趣。乃前處處言是名者是也。

此即觀照般若。而言深解者。正是尊者囫的一聲

桶底脫落。突出頂門正眼。握定金剛寶劍。所謂大

用現前不存軌則正深悟而實解也此即實相般
若具以因文字起觀照由觀照而契實相也鼻出
爲涕眼出爲淚心激感痛曰悲鼻息縮傷曰泣此
因悟而傷迷喜極而反痛也茲呈解而歎希有者
與前不同文雖似一而義實雲泥前乃讚佛日用
尋常莫非本地風光指示當人全體大用般若眞
心猶如天王華屋一時乍見故曰希有今乃讚佛
以文字般若引生觀照令契實相則是深入九重

細見。五步一樓。十步一閣。徧歷歌臺舞殿複道長橋。甚而明星熒熒。綠雲擾擾。靡不洞悉。應接無暇。至此不能遍言宮裏之事。唯道一句好希有也。是則前乃外見規模壯麗。今乃入見室家之好也。如是經典者。卽前一往所談言說章句文字般若。而言深者。卽所詮無住觀照般若。更言甚者。卽今深解悟入實相般若也。昔來者。謂自證阿羅漢果得人空慧眼以來。未曾得聞此金剛般若波羅密經也。良以當機自阿含歷方等至般若證人空以來。於一切法但念空無相無作自謂究竟。然而未聞法空之理。以故適纔悲泣者。正謂如是之經。恨未早聞耳。蓋此經談空亦不住空。所謂有無俱遣不空空。故稱之曰甚深經典也。

二歎他聞希有

世尊。若復有人得聞是經。信心清淨。卽生實相。當知是人。成就第一希有功德。世尊。是實相者。卽是非相。

是故如來說名實相。

此因已而歎他也。乃尊者汲引同類并及當時一切大眾耳。蓋因前來聞眞空之說。恐無知音。故率然而問。頗有眾生。乃至生實信不。佛誡之曰。莫作是說。不惟現在有人。乃至如來滅後亦有。彼時雖不敢辯。未免尚懷鬼胎。至此尊者點胷自肯。始知今是而昨非矣。便覺從前出言鹵莽。此解如來訶誡。明現在不無之旨也。故言若復有人等。正謂現在不獨我能信。還復有人亦能生信也。言聞經者聞慧也。信心者思慧也。生實相者修慧也。信心清淨者。正信自心清淨。解得離相無住。毫無一法當情故也。蓋此信一生。則諸法不生。既諸法不生。卽實相生焉。所謂諸法不生。而般若生。是以由文字般若起觀照般若。信得無我無法等相。心自清淨。卽是所生之實相般若也。當知實相無能生所生。不過開顯正智。假名曰生耳。此中是人下。言由淨信而生實相之入。則能成就第一希有功德。言第一者。須知信之一字。乃入道之前鋒。爲善之首領。是以五十聖位。此位爲先。十一善法。是法居首。故云第一。而言希有者。卽此實相之理。不外尋常。所謂溪聲盡是廣長舌。山色無非清淨身。卽諸法而顯實相。豈不希有乎。而言功德者。卽因功果德。乃無漏無爲之因果也。雖塵界寶施。恆沙身命。亦莫能及。故云第一希有功德也。昔武帝問達磨云。云。

皆答福德以有漏有為也。豈知此淨信實相為眞功德耶。向下是之一字。乃承上轉下之辭。言實相者。乃眞實之相。非相者。卽非諸法之相。名實相者。乃名諸法圓滿成實之相也。然此三句。各有深意。第一句。卽對四諦凡夫外道執虛妄相者而曰實相。以除我執。以顯我空眞實之相也。第二句。對出世間聲聞緣覺執空相者。故說非相。而非空相也。以遣法執。以顯法空眞實之相。第三句。對權乘菩薩執非法相者則以是名除非法執以顯俱空眞實之相也一即文字二即觀照三即實相設以三觀等釋亦無不可茲不繁贅以上乃當機前承訶誡之後處處留神至此疑團冰釋是以吐露發揮鼓舞當時大衆正是若不一番寒徹骨焉得梅花撲鼻香

三明後聞希有

世尊我今得聞如是經典信解受持不足爲難若當

來世後五百歲。其有衆生得聞是經。信解受持。是人卽爲第一希有。何以故。此人無我相。人相。衆生相。壽者相。所以者何。我相卽是非相。人相衆生相壽者相。卽是非相。何以故。離一切諸相。卽名諸佛。

此正當機領解佛滅度後後五百歲。有持戒修福之人。能信是經也。始知佛語無虛。蓋尊者之意謂我爲羅漢。耳提面命。尙不免疑。然幸親稟佛教。得生信解。似亦不足爲甚難事。若夫當來濁惡世中。

後五百歲正法像法之後時當末法之際目不覩
玉毫之相耳不聆金口之言當此去聖時遙鬬諍
堅固之秋其有衆生覧遺教而興思念微言而渴
仰因而得聞如是之經遂而信心清淨解得人法
俱空復能如說受持是則眞爲罕有之者此中聞
是經即聞慧信解即思慧受持即修慧以能具此
三慧故言是人即爲第一希有此是人二字正領
佛說當知是人之是人也言此人非一佛二佛三

四五佛而種善根。已於無量千萬佛所種諸善根。正是見佛多聞法廣。種善深。乃人中第一流人也。然復能信心清淨。解此離相無住之旨。了得人法皆空。豈非人中之希有者乎。向下即徵釋云。何所以故。此人不過聞經信解受持。是亦平常之事。如何便說是人中第一希有之人。蓋以此人無我等四相故。何則。設有四相。自不能信此經離相無住之文字也。今能信此。則無四相可知。既無四相。則其人已證人空之智。高超三界。遠越四生。我生已盡不受後有。豈非凡外人中第一希有者乎。然既如此。次又徵云。所以者何。此人卽無我等四相不過與二乘同流。倘有無明未斷變異猶存。何得謂之第一。然此不惟但解人空。兼亦證入法空。不惟無我等四相亦無無我等四相。設不如是奚能解此經離相無住之觀照乎。旣解觀照則不臥無爲牀。戒飲寂滅酒。已離化城。直造寶所。豈非二乘人中之第一者乎。故云我相即是非相等者。此中我等四相。在二乘人惟知執無。今言非相者。即是幷無相亦非。所謂無無相也。即無無我相。無無人相衆生壽者相也。是則法根既絶。我苗不生。二執冰消。二空智顯。即古云。若欲速成佛。持刀快殺牛。牛死人亦亡。佛亦不須求。至此則佛尚不求。豈非小聖中之第一者乎。若爾。則再三徵釋何所以故。即使解得法空。不過同乎菩薩上求佛果。下化衆生。

往來三界出入四生何處無之安爲希有良以此人不惟但解法空離其法等四相而且又解非我法等四相之空亦空遠離一切諸相而更證俱空之智耳設不爾者何能受持此經之離相無住之實相哉旣能受持實相則能了達實相無相無相亦無相是則離一切諸相則非菩薩之可稱卽當名之爲佛矣此正結前深解義趣之文也然雖如是要識當機疑悟落處指示分明疑自何生悟從

甚得方為說到見到。設不爾者。何異盲人模象。未審諸人有證據不。倘或未明斯旨。且須落草盤桓。幸勿厭繁可耳。良以尊者抱負迥異常流。況乎身佩三印。果證二乘。踞化城之堅壁。依草菴而駐兵。自是月空一世。氣冠羣英。方將問鼎請隧。且不識漢何如我大。然則所謂獨坐窮山。放虎自衛者也。今向祇園座下。見得一斑。正欲人前顯貴。鬧裏奪尊。方不埋沒自己。設或不然。寧不錦衣而夜行耶。

以斂一心恭敬。三問齊伸。將謂唯我已達。然爲諸人。正以夜郎王而自居也。然我如來旣見當機智勇膽畧還是個人猶臥龍之遇天水。不妨且戰且攻。且招且撫。是以將錯就錯而應之曰。應如是住。如是降伏其心。此時如來毫不干動。所謂將欲取之。必固與之。始而畧示降心離相。繼而復示住心無住。此則八陣之圖已陳。十面之伏已設。然欲下手。遂將自己畫道等身。符于直向尊者面前一擲曰。於意云何。可以身相見如來不。即此一問。當機不解是箇弔虎離山之計。因而輪鎗躍馬。直出垓心。且而據鞍顧盼以示。矍鑠可觀。自謂英雄蓋世。智術過人。遂猝然而對曰。不也。只此二字是要充作家的樣子。然則何異龐德之敵雲長所謂初生犢兒不畏虎也。且復抖擻精神。左鎗右棒。橫衝豎撞。故云世尊。不可以身相得見如來。何以故。如來所說身相。即是非相。足見尊者前遮後攔上盤下旋也是箇戰將然在如來以逸待勞見得當機到此力盡矢窮因而虛恍一刀引他入陣所以把火助照故曰凡所有相皆是虛妄尊者至此只解如來順水張帆豈識老漢逆風帶柁是以策轡向前不覺全身陷陣如來見事已濟不費張弓隻箭只須羽扇輕揮霎時旌旗變色壁壘皆新故曰若見諸相非相卽見如來方纔正說離相之旨當機以爲得計竭力應酬不料如來忽然吐出這箇卽字

未免驚慌。意欲奪空而走。遂復嫁禍於人。故曰。頗有衆生得聞如是言說章句。生實信不。故知即之一字。乃疑悟根也。生佛基也。釣鰲鈎也。縛將繩也。如來因彼破綻已露。始向頂門一針道。須菩提莫作是說。然此莫之一字。乃除疑生信之關。亦尊者就擒被縛之所。設非此字。未免還有之乎者也。故如來止用一箇莫字。便教當機閉口無言。神驚膽喪。而偷心盡死。至此則生擒下馬。而活捉歸營矣。

向下之文。皆如來穩坐中軍。握定金剛寶劍。將當機呼至堦下。喻以至尊威德。令其改往而修來也。所以當機蒙示佛身離相。果法離相。繼而又教之以住心無住。首則泛論無住。自小乘法。而至佛法。菩薩莊嚴。次乃正明無住。復又喻明無住。展轉發揮。以蕩執情。因復較量顯勝。令生渴仰。以彰般若妙用。故尊者因聞經功殊勝。遂而請名奉持。乃是羨皇恩之浩蕩。可謂中心悅而誠服也。此正投誠而皈命矣。如來垂示乃云。是經名為金剛般若波羅密者。即聖德之無私而隨功賞賜也。又曰。以是名字。汝當奉持。即將金剛王劍至是亦賜矣。繼復釋曰。佛說般若。即非般若。是名般若者。乃如來之捧轂推輪。所謂閫以內寡人治之。閫以外將軍治之也。而復示說法離相。依正離相。顯示經功者。乃授廟謨聖訓耳。是以當機至此。深荷大德。痛悔前非。不禁感恩而流涕矣。故前來乍聞諸相非相即見如來當機在彼尙猶屈強未免跳梁是以累我世尊廣談法非法空卽非是名句義至是豁然方省前非以故悲淚呈解三稱希有一口道出離一切相卽名諸佛以此觀之則前之卽字出自佛口此之卽字出於當機只此前後二卽可謂剛剛合上油瓶蓋矣斯正以心印心之謂也然則諸有智者雖由譬喻可解幸勿作譬喻解可也若然則辜負經文不少不唯辜負經文亦且辜負如來不惟

辜負如來兼又辜負當機。不惟辜負當機。亦復辜負自已也。

二世尊印述二　一印證二　一總印

佛告須菩提。如是如是。

此總印所述之當也。前以當機解之未深。輕率而發。頗有之問。佛則訶誡。今既蒙教。得其深解。呈白於佛。故為印可曰。如是如是者。謂當機所解三空觀智。皆稱眞如而是。然重言者。當之極也。而此兩

個如是。須知一在於佛　在當機。何則。葢佛之意
謂我唯教爾若見諸相非相卽見如來。汝今旣然
能解離一切諸相。卽名諸佛。正是我心如是。汝亦
如是。須善護持。此則以心印心已竟。然空生之稱
慧命者。正所謂傳佛慧命眞不愧矣。

二別證

若復有人。得聞是經。不驚不怖不畏。當知是人。甚爲
希有。

此即反其領歎之詞。而印證耳。意謂爾何求全於人。如是之深也。必欲其信心清淨。即生實相。及信解受持而後。乃許其爲第一希有者。若然。恐亦難得其人。即今設或有人。縱不能深心信解。但聞是經而不驚疑怖畏。就算是箇上好的了。故曰甚爲希有。正所謂才難。不其然乎。

二述成二　一約法述成二　一就智度述成

何以故。須菩提。如來說第一波羅蜜。即非第一波羅密。是名第一波羅密。
此下徵明問何故但聞而不驚畏者。便曰甚爲希有。以其人但聞是經不驚。即證佛順俗諦所說六波羅密中之第一波羅密。但聞是經不怖。即證佛順眞諦所說之即非第一波羅密。但聞是經不畏。即證佛順中道所說之是名第一波羅密。豈非甚希哉。問。經中何事。是可驚疑怖畏。答。無著謂於聲聞乘中。說有法有空。於此聞法無有故驚聞空無有故怖。於二無有理中。思量不能相應故畏。以上乃約文述。若約旨述者。即初無我等四相。人天聞之。誠為可驚。以人天未得人空。專執我等四相故。次非無我等四相。聲聞緣覺聞之。誠為可怖。以二乘人。雖無我等四相。已證人空。然不能非却無我等四相而證法空。三離一切諸相。即名諸佛者。乃不惟我法雙空。并俱空亦空。雖菩薩聞之。誠亦可畏。以權乘菩薩住於法空之境。不能將空法之空亦空。是以有驚疑怖畏也。而此三波羅密。皆稱第一者何也。蓋五度如盲。般若如導。五度無般若皆不到彼岸故。是則般若稱之爲第一波羅密也。當知一往皆明離相無住之旨。皆屬般若之用。正猶金剛鋒利之用。此下將談證悟。故舉波羅密之究竟彼岸。取喻金剛堅固之體也。佛因當機已悟金剛般若。故說波羅密。更令深進。所謂錦上鋪花耳。

二就忍度述成

須菩提。忍辱波羅蜜。如來說非忍辱波羅蜜。是名忍辱波羅蜜。

此復轉述上文也。謂此第一波羅蜜。自何而得。以從忍辱中來故。何則。以第一波羅蜜。雖是修般若者。設非忍度兼資。亦不能速到彼岸。所謂明人忍慧強也。此由一往教諸菩薩度生離相。布施無住。非有忍力者。則不可耳。故起信云。以知法性無苦離瞋惱故。隨順修行羼提波羅蜜。蓋羼提者。即忍辱也。忍即內心含容也。辱乃外來橫逆也。其忍有三。謂生忍。法忍。無生法忍。夫行是行者。不見內有能忍所忍。不見外有能辱所辱。中間不見有杖木相加等事。方是三輪體空。一心淸淨。乃謂深得無生法忍也。此言忍波羅蜜者。是順俗諦之言。即生忍也。非忍者。是順眞諦之言。即法忍也。是名忍辱者。是說眞俗不二。順中道第一義諦之言。即無生法忍也。意言此人能證此忍。方能聞是經。於離相度生。無住行施。深忍好樂。而得不驚不怖不畏。豈非甚爲希有乎。

二約人述成

何以故須菩提如我昔爲歌利王割截身體我於爾時無我相無人相無衆生相無壽者相何以故我於往昔節節支解時若有我相人相衆生相壽者相應生瞋恨須菩提又念過去於五百世作忍辱仙人於爾所世無我相無人相無衆生相無壽者相。

此印證述成離一切諸相即名諸佛也謂我昔離相方能行忍如其相不能離雖一言見侮猶㘅恨終身矧割截乎乃至節節支解不瞋恨者由離一

切相所以成佛也。此乃世尊婆心太切。所謂爲人須爲徹。殺人須見血。因當機雖悟離相之理。恐於離相之事。尚未了然。故將自己做過的樣子。拈於他看。以便修學。且而復恐衹會向第一波羅密中覓取般若。不能於餘五度上會得般若。故廓而充之曰。豈惟般若非般若。是名般若。須知六度皆然。卽如忍辱非忍辱。是名忍辱耳。故徵釋云。以何義故說忍非忍。是名爲忍。又行忍辱者。有何證據。而知其離相耶。故此佛引我昔而證成也。蓋人平時可以勉强。而至生死大難臨身。不能絲毫假借。故曰。我於爾時無我等者。此正燕雀不處巢無以畜衆雛。如來不示行。無以度衆生。故先示離相的樣子耳。又徵何以知其如來行忍。實無四相。犟釋曰我方支解時若少有四相。卽生瞋恨。此又離相之明驗也。梵語歌利。此云極惡。陳譯爲迦陵伽。唐譯爲羯利。此秦譯也。兹乃畧釋。若欲廣明事跡。准湼槃經云我念往昔生南天竺國富單那城婆羅門家是時有王名迦羅富其性暴惡憍慢自在我於爾時爲衆生故在彼城外寂然禪思爾時彼王春木花敷與其宮人綵女出城遊觀在林樹下五欲自娱其諸綵女捨王游戲遂至我所我時爲欲斷彼貪故而爲說法時王見我便生惡心問言汝得阿羅漢果耶我言未得復言汝得不還果耶我言未得汝既年少未得聖果則爲具有貪欲煩惱云

何爲情觀我女人。我言大王。當知我雖未斷貪欲。然其內心實無貪著。王言癡人。世有仙人服氣食果。見色尚貪。況汝盛年未斷貪欲。云何見色不貪。我言大王。見色不貪。實不由於服氣食果。當由繫念無常不淨。王言若有輕他而生誹謗。云何得名修持淨戒。我言我無瞋妒。云何言謗。王言云何名戒。答言忍名爲戒。王言若忍爲戒。當截汝耳。若能忍者。知汝持戒。我時被截。容顏不變。王臣見已諫言。如是大士。不應加害。王言。汝等云何知是大士。諸臣曰。見受苦時。容顏不變。王言。我當更試。卽劓其鼻。刖其手足。爾時我於無量無邊世中。修習慈悲。愍苦衆生。心無瞋恨。時四天王。心懷瞋忿。雨沙礫石。王見大怖。復至我所。長跪白言。惟願哀愍。聽我懺悔。我曰。大王。我心無瞋。亦如無貪。王言。大德。云何得知。我卽立誓。我若眞實無瞋恨者。此身平復如故。發是願已。身卽平復。更願我於來世得成菩提先度大王。是故我今成佛度憍陳如也。蓋我之忍。非止歌利一時。又念五百生中作大仙人。名曰說忍。於爾所世皆無四相。故忍慣而視之爲尋常也。應知忍無四相。卽爲第一波羅密。苟無智慧則不能無瞋恨。卽忍於一時。亦不能忍於多世。卽甘忍其苦。亦不能感格於王也。此世尊卽忍度發明離相者。正恐說食不飽。是欲當機親嘗一口也。

五結成離相

是故須菩提。菩薩應離一切相。發阿耨多羅三藐三菩提心。

前既印述已畢。至此結勸云。菩薩當如我上來離相發菩提心。亦必須修此離相之行也。是故二字。通結上文。正謂爾前問我。善男子善女人。云何發心。云何降住。是故當知學般若之菩薩。應當離相而發心也。此佛因顯離相之用。并其降住之前發心無法之旨。一盤托出。其如當機雖聞此說尚欠沉思。可惜當面叉成錯過。故下復有云何降伏發心之問也。設於此處會得發心無法之旨。則下半卷問答。均可已矣。所以貪看眼前浪。失却手中篙。乃當機之謂歟。此彰般若離相用竟。

二彰般若無住用 二 一正明無住 三 一不住六塵

不應住色生心。不應住聲香味觸法生心。應生無所住心。若心有住。即爲非住。是故佛說菩薩心。不應住

色布施須菩提菩薩爲利益一切衆生故應如是布施

此乃結前廣畧住心無住以彰般若無住之用也因前雖歷明無住正明無住喻明無住校量況顯尚未有結便談離相之用今上已結離相之用故茲當結無住之用此乃正結前文應無所住行於布施并應無所住而生其心也不應者卽前之應無也亦誡詞也此中言不應生心者眞以心本無

生因境而生。以故生心卽妄。動念卽乖。不可住著六塵。而行檀度者。乃示無住之事也。應生無所住心卽應無所住而生其心。此勸悟無住之理也。葢上之住色等生心。卽妄心也。下之應生無所住心眞心也。所以用不應二字。誡其勿住。以應之二字勸其當生。若心有住。卽爲非住。此明我教爾不應住者何意。但爾之心一有住著。卽屬虛妄之幻識。而非無住之眞心矣。正明有住卽乖法體。而非無住實相之理故古德云却物爲上逐物爲下嘗起微情即落地上正楞嚴云若能轉物即同如來斯之謂也是故下示三輪空也不住色布施者能施空也爲利益衆生者即受施空也應如是布施者逆指上文不住之義也內則不住有我外亦不住有人而中間不住可施之物即施物空也是則三輪俱空眞可謂無住行施矣此明菩薩行施不應住著原爲利益衆生也設或稍有住著則是人我

未忘。而與眾生結憎愛緣矣。若然則互爲子孫父母。寃家債主。百劫千生恩怨纏綿輪迴生死何能解脫。以故應當行布施時。不得住六塵而行布施也。果能如是行施則爲無住之施。無漏福田也。所以如來教人行施決不可住相者。良有以焉。

二不住人法

如來說一切諸相。卽是非相。又說一切眾生卽非眾生。

總結上文修忍行檀以彰無住之義言一切諸相即是非相者正顯眞如自性非有相非無相非非有相非非無相非有無俱相非一相非異相非非一相非非異相非一異俱相乃是眞空無相之實相也而又說一切眾生即非眾生者以一切眾生從無始來種種顛倒妄認四大爲自身相六塵緣影爲自心相是以四大和合五蘊六塵眾法相生假名眾生若析皮肉肋骨以歸地精液痰唾以歸

水。暖氣歸火。動轉歸風。且道妄身安在。於中六塵各歸散滅。畢竟無有緣心可見。設離四大五蘊六塵。則無衆生可得。故云。卽非衆生。蓋上之諸相非相者。謂諸法俱空也。則遠離法非法執。下之衆生非生者。人我皆空也。則遠離我執。若合前章之義正是三輪空寂。三執消融。三空顯現。此則般若無住之用。可謂彰明較著者矣。

三結顯眞實二　一正明眞實

須菩提。如來是眞語者。實語者。如語者。不誑語者。不異語者。

此乃結前起後勉生信解依之修習也。因上所明諸相非相眾生非眾生。恐云菩薩爲利益一切眾生。此何又說眾生非眾生。毋乃空有矛盾。二三其說乎。故曰。如來是眞語實語者。此明決不疑誤後學。如云。佛說苦諦。眞實無異者是也。況佛說法。必然契理契機。凡有所說皆歸二諦之理。至如眞語如語乃稱眞諦卽空而說也。實語者。此稱中道實相而說也。不誑不異。此順今時依俗諦而說也。又則眞語者。無妄也。實語者。無虛也。如語者。如所得而說也。不異者。無更變改易也。魏譯止此四語。什師譯本則有五語。蓋順天親論文。欲統收四語發明佛意。一一眞實。而非虛誑故耳。由是之故。須信誠言。不汝欺也。

二轉釋眞實

須菩提。如來所得法。此法無實無虛。

此正承佛語眞實之義也。已由此法無實。故說眾生非眾生。因其此法無虛。故說利益一切眾生。是則如來所說。皆是稱理。皆是眞實。非誑異矣。此正證成無住行施。教其不得住著也。何故以此阿耨菩提之法。不同世間所執陰處界等之法。有實有虛。此乃無實無虛。因其無實。則妙有不有。以其無虛故眞空不空。因妙有不有。故不住有法。所以身相非身相。菩提非菩提。說法非說法。世界非世界。微塵非微塵。莊嚴非莊嚴等。因眞空不空。則不住非法。所以說是名身相。是名菩提。是名說法。是名世界。是名微塵。是名莊嚴等。以是無實故不住有。以是無虛故不住空。觀佛談眞空妙有。以彰般若無住之用。而至此處。亦可謂竭盡而無餘蘊矣。

二舉喻顯用 二　一舉喻 二　一喻住則不妙

須菩提。若菩薩心住於法。而行布施。如人入闇。卽無

所見

此喻住相之過也。乃世尊恐當機不能頓空三輪。猶帶廉纖。故舉喻以明住相不妙之過也。言菩薩心住相行施。不惟不能透脫根塵。抑且被物所轉。反爲貪癡所覆。徒增憎愛緣耳。是知不能得般若無住妙用。而行施者。頭頭障礙。如一雙好眼。入於闇室。縱有無量家珍。且不能見。安得其受用者哉。

二喻不住方妙

若菩薩心不住法而行布施如人有目日光明照見種種色

此喻無住之功也葢住則被境牽纏不住則卽能轉物而蕩除三執徹證三空方謂之金剛大用現前也始得情翳氷消智光圓照道眼觀來事事光明卽如人之有目又加之日光照耀則能盡見種種之物色矣所謂寸絲不挂萬里無雲撥開關棙子親見本來人而此無住之用妙莫加焉然則發

心菩薩可不深求無住乎。

二顯用二一生福用二一自利福

須菩提。當來之世。若有善男子善女人。能於此經受持讀誦。即爲如來以佛智慧悉知是人。悉見是人。皆得成就無量無邊功德。

上以五語二喻證勸無住行施。然行施者旣得三輪寂。三執消。三空顯。是經之意可謂深矣。而猶未識持經功德。故此顯之。蓋當來之世。正屬此時。所謂濁惡者多受道者少若非久植善根不能受持讀誦今云能者不惟能誦文字章句亦能受持無住妙義則其人功德非權乘小果可以企及故云即爲如來以佛智慧悉知悉見此即爲之爲當訓得字謂即得感格者也以佛智慧言悉知者乃佛三達洞照悉見者五眼圓觀也如是者逆指前來廣畧章中虛空無量沙數無邊之功德也問此經前後重重校量佛意何居答良以金剛般若無著

眞宗。誠印心之秘典。乃入聖之眞詮。三執空而妄心休息。三智顯而實相圓成。稍非觀照精純。奚得心空境寂。不假文字般若。何由認路還家。故凡結證之處。廣明持說之功。不過俾道脈以常流。使法源而不竭。微言不泯。意在斯焉。

二利他福 二 一畧說福

須菩提。若有善男子善女人。初日分以恆河沙等身布施。中日分復以恆河沙等身布施。後日分亦以恆河沙等身布施。如是無量百千萬億劫以身布施。若復有人。聞此經典信心不逆。其福勝彼。何況書寫受持讀誦。爲人解說。須菩提。以要言之。是經有不可思議。不可稱量。無邊功德。如來爲發大乘者說。爲發最上乘者說。

此較量持說勝身施者。以顯般若無住之功也。蓋日有三分。初日辰巳分。中日午未分。後日申酉分。此言每日三分。各用恆河沙身施。可謂行檀之精進矣然而不唯一日兩日如是積日而劫壘一而百以至於無量百千萬億劫此則甚言其久也而況日日三分皆以恆沙身而爲布施此則內財之施福自難量梵語劫波此云長時有小中大芥城拂石增減之不同此上較定其福之勝然猶不及聞此經典般若無住之義一念信心耳此言逆者卽忤逆所謂謗方等也而曰不逆者卽隨順此文字般若無住之義不生毀謗只此之福已勝身施

何況受持讀誦爲人解說。此受持讀誦自利也。爲人解說。利他也。正明一聞信順福尚超於恆沙身施。何況二利俱備之者。則其人福愈難較矣。此以要下初由畧以較多。旣難比勝。今自廣以至要。故云。以要言之。意謂設具足讚歎。終不可窮。以畧而言。亦有不可心思。不可言議。不可以多少稱長短量。實無邊涯際畔之功德也。應知如此內施雖事大時長。乃福感有漏。苟能隨順般若則自他俱利。

果證菩提是無漏法施之功豈可以有漏生死身而較量哉如來爲發下承上而言謂此經具不可思議功德者以爲發大乘心者說故爲發最上乘心者說故若據起信其大有三謂體相用也復恐濫權故以最上揀之所謂一佛乘也以大乘則通收回小向大漸機人也最上乘則指不歷階級圓頓人也

二廣說福三 一正明廣說功德

若有人能受持讀誦廣爲人說如來悉知是人悉見是人皆得成就不可量不可稱無有邊不可思議功德如是人等卽爲荷擔如來阿耨多羅三藐三菩提

此勸持廣說以顯功德也謂此經旣爲大乘人說然能受持廣說具二利之德則此人亦大乘人矣言廣說者於人非止一二於經非止四句所謂向稠人廣衆之中建大法幢普施般若法雨也然則此人之功德非心所測非口所宣唯有如來能悉

知見降斯已還皆莫能識何則以此人旣能自利利人卽爲荷擔如來無上菩提故也在背爲荷在肩爲擔言如是二利之人方是任重致遠代佛擔担替佛行道者也

二反顯樂小不能

何以故須菩提若樂小法者著我見人見衆生見壽者見卽於此經不能聽受讀誦爲人解說

此反顯也正明不能以般若爲已任者則非大乘

之器。問。佛心平等。施法亦然。云何上說惟為大乘。與最上乘耶。答。樂小者自不能聽信受持並廣說耳。所謂一日之價。以為大得何暇於留心法王大寶哉。以其樂小之流四相未空。法執未除。愛樂小果著相憍慢。就著虛妄深戀不捨。焉能向此般若經中於離相無住之義。而肯聽信乎。且聽信尚然不能。焉能受持讀誦。廣為諸人解說其義趣乎。正明小機。決不能受持廣說耳。今既能聽受讀誦為人解說非樂小者可比。豈不謂之大乘人。最上乘人。爲荷擔菩提者乎。

三結指經處當供

須菩提。在在處處。若有此經。一切世間天人阿修羅所應供養。當知此處。卽爲是塔。皆應恭敬。作禮圍繞。以諸花香。而散其處。

此勸護法當供其經也。須菩提下。在在。乃經在所在。處處。卽經處之處也。此皆領前無住章中隨說是經乃至四句當知此處一切天人皆應供養如佛塔廟也言恭者即作禮圍繞而敬者即以諸香花等此即依正而表恭敬也塔乃藏應身舍利之所而此經乃藏法身舍利之處所以益當供之也問前既有此何更重說答前明無住之義言經處與人皆應供養此明無住妙用經處及人豈不然哉且前云如佛塔廟茲曰即爲是塔而即之與如較前爲更親切也文義各別故不重也

二滅罪用 三

一正明滅罪玅用

復次須菩提善男子善女人受持讀誦此經若爲人輕賤是人先世罪業應墮惡道以今世人輕賤故先世罪業則爲消滅當得阿耨多羅三藐三菩提

此顯持誦有二不可思議也一者以輕易重能回定業則報不可思議二者當得菩提則果不可思議此釋持經有不得勝福之疑復次須菩提下謂此經既爲發大乘并最上乘者說而持說之人又

具不可思議功德。凡經在處。卽是佛塔。則一切天人。應當恭敬。此皆如來眞實誠言。信固然矣。如何現有善男子善女人。在那裏受持讀誦。不唯不得人天恭敬。而反被世人輕賤者。何也。所謂輕則不重。賤則不尊矣。然則輕賤事有多種。或行嫉妒。或生忌嫌。或懷瞋而加謗。或倚勢而欺凌。甚而刀杖瓦石。拳脚相加。是皆輕賤之事。以此觀之。經功何在。釋云。是人先世罪業也。以其人未識佛時。未聞法時。末遇僧時。求持般若時。且莫說是人前生多世。即今生以先半世之中。能保其皆造福而不造罪業乎。既有罪業。則將來之世。應墮惡道。受苦無窮。言惡道者。即三惡道。乃地獄餓鬼畜生也。今以持經功德。轉重報令輕受。轉生報後報令現受。由今世被人輕賤則先世所造之罪業。即借此而消滅矣。不復更墮三塗。豈非般若之殊勳哉。然且不止滅罪。由此修習。當得成佛。故云。當得阿耨多羅三藐三菩提。言當得。正謂今雖不得當來必得也。
豈可因人輕賤遂謂持誦無功。以此觀之則轉罪
報而得佛果。應亦愈知此經之妙用矣。

二兼顯經功妙用

須菩提我念過去無量阿僧祇劫。於然燈佛前得值
八百四千萬億那由他諸佛。悉皆供養承事。無空過
者。若復有人。於後末世。能受持讀誦此經。所得功德
於我所供養諸佛功德。百分不及一。千萬億分。乃至

算數譬喻所不能及。

此顯經功妙用不可思議也。須菩提下。乃舉福較慧也。我卽法身眞我。念卽明計不忘之謂也。阿僧祇。翻無央數。十大數之一也。然曰無量阿僧祇者卽三無央數也。葢我世尊自爲廣熾陶師。遇古釋迦。開導發心。修習佛果。至第一僧祇劫滿。遇寶髻如來。二僧祇滿。遇然燈如來。三僧祇滿。遇勝觀如來。今云然燈前者。卽未見然燈之前也。那由他乃第九數數當萬萬供養約四事言承事謂躬承奉事順教無違空過者謂如上諸佛不曾空過一佛而不供養承事者也此正世尊以自己因中供養諸佛如是之多且無一佛空過而其福德誠不可量若與末世持經相校皆不及一何則供養諸佛事屬有爲乃可思議也受持般若功屬無爲故不可思議耳是則經功妙用可勝道哉

三總結經功玅用

須菩提。若善男子善女人。於後末世。有受持讀誦此經。所得功德。我若具說者。或有人聞。心即狂亂。狐疑不信。須菩提。當知是經義。不可思議。果報亦不可思議。

此總結上離相無住二章。以明果報。經義皆不可思議也。正謂上來我說善男子等。這種校量不及的功德。尚猶畧說。若其具說。恐人難信。反生疑惑。言狐者。乃狡獸耳。即野干也。其性多疑。以冬渡冰河且走且聽。氷下水無流聲。卽進。有聲卽退。因其進退不一。以喻疑者。此名般若福勝。劣根者未可具聞。恐狂亂不信。致招謗法之愆。茲但少分說之耳。何則以此經之義理。乃明實相離相無住眞心甚深難思。卽受持之者。所獲果報。具屬無漏無上。故不可得而思議者也。然則經文至此。較量五重。兩次外財。兩度內施。一番佛因。至是較量已極。不可更較。故云乃至算數譬喻所不能及。須知後文雖有較量。不過隨事便舉。或一三千界寶。或如須彌寶聚。或阿僧祇界寶。皆不如上文之次第者。此有二義。一則恐淺識聞之難以信受。致有謗毀之罪。二則於前離相無住二章之中。既以廣較。則後之發心無法。功德之大。可以例知。雖不如前次第之淺深。其義更遠。以有是經義不可思議。果報亦不可思議。而轄之矣。以上首示降住其心。歷彰般若妙用竟。

金剛般若波羅密經心印疏卷上終

金剛般若波羅密經心印疏卷下

大清　欽賜雲南法界寺講經廣陵沙門溥畹述

次明菩提無法正顯般若本體三

一正明菩提無法二　一當機躡問

爾時須菩提白佛言。世尊。善男子善女人。發阿耨多羅三藐三菩提心。云何應住。云何降伏其心。

此問初發菩提心也。良以欲發菩提心者。必先降伏妄想執着。而安住般若無住眞心。方爲穩當。設或不然。而此妄心。不能降伏。處處攀緣。頭頭染着。則與無住之理。有相乖角矣。是以世尊先答降伏。次明安住。意謂苟能安住無住。則妄想執著之心不待降伏而自降伏矣。若然則安心已竟。覺道可成耳。故前種種勘驗。展轉發揮離相無住之旨。尙未曾說菩提之心。是如何發。無上之道。是如何成。當機至此。蒙佛指示離相度生。無住行施。是未降者降矣。未住者住矣。然且不知阿耨菩提之心果有所發。無所發耶。無上正覺之道為有所成無所成耶。是以興問。蓋當機意謂向來請問善男子善女人。發菩提心。云何應住。云何降伏。蒙佛慈悲。已為開示住降之義。我已信解。但發心之義。尚未發明。伏望如來。不悋教言。再求伸釋。庶令而今而後。這般善信男女。於阿耨菩提之法。以便發心修證也。

二世尊直答 三 一躡前住降無法

佛告須菩提。善男子善女人。發阿耨多羅三藐三菩提心者。當生如是心。我應滅度一切衆生。滅度一切衆生已。而無有一衆生實滅度者。何以。故須菩提。若菩薩有我相。人相衆生相。壽者相。卽非菩薩。

此躡前降住。爲將答發心無法之端也。者之一字。卽指發心人也。當生之生。卽生發之生。是心者。承上指下。承上則逆指前文無住行施。幷應無所住而生其心。亦卽應生無所住心之心也。蓋佛意云。

此理已明。何須再問。况我已說菩薩但應如所教住。而發心者。應發如是無住之心。卽是菩提之心。是則住無所住。無住而住。方爲眞住。心既無住法豈有實。而無住之法。是爲如是。指下則降心之法。亦不過度生離相而已。須知此中正明菩薩上求下化之心也。若上之無住行施。乃上求也。此之離相度生。卽下化也。經云。我應滅度一切衆生等。正下化之事也。我應二字。乃教其度生爲已任也。何則菩薩之道利物為先自雖未度先度人者菩薩發心故云我應滅度一切眾生卽前文當生如是心我應滅度一切眾生等言滅度一切已已卽盡也正明菩薩度生時必先了知生佛平等一如無二故度盡一切而實無眾生得滅度者何以故下徵釋以一切眾生俱涅槃相不可更滅一切眾生俱菩提相不可復得佛乃已證之眾生生卽在迷之諸佛所以眞如界內絕生佛之假名平等性中

無自他之形相。菩薩雖知平等實際。不受一塵而不妨佛事門頭。不捨一法。以是義故。做出空花佛事。啟建水月道場。降退鏡裏魔軍。證得夢中佛果。是以諸佛時時度心內眾生。眾生時時成自性諸佛。故佛雖度盡眾生。而實無一生可度。不過示其本有。令復本覺而已。此如醫者之治目。但去其翳。非別與光明也。何以故下。乃徵出度生離相之義。謂何所以故。說滅度一切眾。而實無一生滅度者何故。以菩薩但萌一念能度之心。卽有我相。彼爲所度。卽是人相。能所不忘。乃衆生相。執著是法。爲壽者相。若然。則與顚倒凡夫。有何異乎。故言卽非菩薩。此正反顯度生菩薩。必達心佛衆生。三無差別。決離我等四相也。旣能離相。則降心之法。亦不過如是而已矣。

二正明發心無法

所以者何。須菩提。實無有法。發阿耨多羅三藐三菩提心者。

此方正答無法發心也。所以者何。乃釋上文一有我等四相。即非菩薩之義。意謂菩薩之所以稱菩薩者。乃覺有情也。所以上求覺道。下化有情。以能發菩提心。能化有情而得名也。然雖如是。要忘能所始得。須識平等眞法界。佛不度衆生。設或不爾。則四相宛然。觸途成滯。故凡要發菩提心者。應知上無佛道可求。下無衆生可度。無佛可求。則不住聖解。無生可度。則不落凡情。由是聖凡情盡。人法雙忘。見到於此。名爲發心。證到於此。名爲證果。然爲菩薩者。初發心時。旣實無有法爲發心。而證果覺時。則亦無有滅度衆生之法矣。故曰實無有法發菩提心者。此中實無有法之無字。最爲要緊。乃一經之宗眼。不可忽過。不惟無其有。亦且無其無。不但無有法。亦且無無法。若望前降心則無心可降。住心則無心可住。於現前則菩提無法可發。設

或望後則得果無法得記無法轉釋無法度生無
法嚴土無法達我無法以此觀之通前徹後一卷
經文結穴於此唯一無字消歸盡矣所謂無凡無
聖無染無淨無高無下無虛無實故云實無有能
度所度能施所施能降所降能住所住苟能達此
無法之法方是菩薩發菩提心也故後文云通達
無我法者如來說名眞是菩薩眞有味焉言發者
謂顯發也亦生發也者之一字乃指其人即能發

心者以此心體原無一法不過以無我無人修一切善法藉此以顯發耳正謂無法而發發而無法也故知菩薩最初發心時尚無有法而至度生時豈轉有法哉嗟夫善財若解如斯旨焉向南詢五十三

三分示因果無法　二　一約果　三　一得果無法

須菩提於意云何如來於然燈佛所有法得阿耨多羅三藐三菩提不不也世尊如我解佛所說義佛於

然燈佛所。無有法得阿耨多羅三藐三菩提。佛言。如是如是。須菩提。實無有法。如來得阿耨多羅三藐三菩提。

此佛引自爲證。以實前說之不虛也。謂汝聞我說實無有法發菩提心。於汝意地之下。是爲云何曉解。還將謂有法發菩提耶。向下問辭乃世尊用白拈手段。所謂避實擊虛。打草驚蛇也。何則欲明菩薩無法發心之旨。遂將自已無法得果爲問。正是勃鳩樹上鳴意在蔴園裏既知如來昔於然燈時實無有法得果則知菩薩今於釋迦處亦無有法發心故云如來於然燈所有法得菩提不此所重者正在法字且與前問然燈之事言雖彷彿意不雷同彼曰於法有所得不是知於法義屬於他是心外見此之有法義屬於自乃內心之障下以不之一字而詰問者正是要顯實無有法發菩提心也不意當機果是具眼衲僧妙契佛心即對之曰

不也。此爲問處分明答處親。雖然如是。須識當機言中影響。句裏春秋。非同向者之不也不可不辯。蓋空生意謂發乃初心其位屬因。得是後心其位屬果。初既實無有法發心後豈有法得果。是故以前解後將後證前。決定其義。故曰不也。然如我解者。此又尊者轉身句子。足見其活潑處也。意謂若論如來現今成佛由得菩提而來。似乎不可言無。但我解無法發心之義。以是推之則又似乎無法得菩提矣。總之不肯硬作主張故云如我解也。如來見其徘徊觀望因爲印證。決定其旨。免其猶豫。故曰如是。連言如是者。然之之辭。明其所解已當不必躊躇矣。何則。因聞無法以發心而解無法得菩提。則始終如是。因果如是。毫釐不爽。眞所謂發心究竟二不別矣。向下世尊恐伊首鼠。語仍兩可。故告之曰須菩提。當知我如來得菩提時。實無有法。只此實之一字。乃是千金不易決定之辭。正是山王可動此字難更。實實在在無一法也。

二得記無法

須菩提。若有法如來得阿耨多羅三藐三菩提者。然燈佛則不與我授記。汝於來世當得作佛。號釋迦牟尼。以實無有法得阿耨多羅三藐三菩提。是故然燈佛與我授記。作是言。汝於來世當得作佛。號釋迦牟尼。

此正反釋上文。以明得記所以然。我世尊恐其眾

生不能深信發心無法之旨是以再拈本因展轉
伸示故曰若我有法得菩提者則然燈佛必不與
我授無生記云此摩那婆當得作佛號釋迦牟尼
矣須知若有法得菩提乃反說也正顯此實無有
法得菩提耳梵語釋迦此云能仁亦云能忍設有
法見何名能忍見相發心何名能仁梵語牟尼此
云寂默若實有法彼佛卽傳何記當來然且彼與
我受三業皆動何得名寂若有所付必有所囑云

何名默是知能仁者蓋謂心性無邊含容一切能忍者以不見有少法生亦不見有少法滅所謂深契無生法忍者也寂默者乃是寂而常照照而常寂寂照互融正爲說時默默時說故說而無說默亦非默直至心行路絕語言道斷妙入無爲深達無法無非法之旨方獲斯記而得斯嘉號眞所謂名下無虛矣以是義故則知菩提非關發心而後有亦非解脫而後得佛果尚爾因心亦然則實無

有法之義。斯可明矣。所謂金屑雖貴。落眼成塵。但有一法。則非平等眞如實際理體矣。

三轉釋無法二　一法釋二　一正釋無法

何以故。如來者。卽諸法如義。若有人言如來得阿耨多羅三藐三菩提。須菩提。實無有法佛得阿耨多羅三藐三菩提。

此轉釋上文得記無法的所以。此何以故下。徵釋謂何所以故。定要實無有法。方纔得記。聾蓋然燈記我名佛是法身第九號記我名如來是法身第一號然法身之外別無一法名爲如來言如來者卽諸法如義此正老漢自稱而自釋眞所謂憐兒不覺醜也諸法如義者卽陰處界等諸有爲法之眞如義也佛證此理名曰如來然此一名通乎凡聖但衆生妄想執著葢覆眞如名爲如去須知去而未去也諸佛以離相無住之智徹證眞如名爲如來應知來而無來也故知其如本不來來自如

矣正謂開池不造月池成月自來艮以一切衆生來而不如出世小聖如而不來即權位菩薩雖如而未能盡如縱來亦未能盡來唯佛與佛方能盡如盡來耳盡如則盡眞如際盡來則空有情界由是義故方名如來此從眞如實際中來即諸法之如義也若有人言下謂有世人不知如來之名是諸法中眞如之義將謂別有一法得菩提者始名如來若是則差之毫釐失之千里非知如來之義

者。以如來乃從諸法如義中來。則一切時。一切處。
無不是如。無不是來。所謂如不住。如無往而弗如。
來亦無來。無來而不來。是則事事皆如。法法具來。
而然燈佛安得有法可與。然我亦焉能有法可得。
故曰。須菩提。實無有法得菩提也。此中所重在
得字。所謂無上正等正覺者。卽眞如之異名也。乃
人人本具。設或了得平等眞如。則事事物物無欠
無餘。無所缺少。無可加添。故曰無上。識取此理。因

地幻修。果中幻證。頭頭總是。物物全彰。稱之正等。苟能了悟眞如。頓空四相。徹證三空。似蓮花開。如睡夢覺。卽名正覺。非眞如外。別有此無上正等正覺之可得也。故佛決之曰。實無有法得菩提也。

二釋法非法

須菩提。如來所得阿耨多羅。三藐三菩提。於是中無實無虛。是故如來說一切法。皆是佛法。須菩提。所言一切法者。卽非一切法。是故名一切法。

此雙釋上文以無實無虛釋無記莂中而得記別也。以一切法皆是佛法。釋諸法如義也。故云須菩提。如來所得阿耨菩提之法。即心佛衆生。三無差別之理。於是之中。無欠無餘。所謂在聖不增。處凡不減。平等眞如。實相妙法。不可以色相見。不可以言說求。故曰無實。此上文所以言實無有法。以有法不得記者此也。然亦不異色相外。別有平等眞如。不離語言外。別有實相妙理。故曰無虛。此上文所以言是故然燈佛與我授記作是言汝於來世當得作佛號釋迦牟尼以無法而得記者此也是故二字躡上如來說一切法者卽陰處界等世間之法皆是佛法者謂卽如義故此正釋如來者卽諸法之如義也卽楞嚴云如是五陰六入從十二處至十八界皆如來藏妙眞如性須菩提所言下結成無實無虛之義蓋說一切法者無非爲一切心心卽是法法卽是心是故如來稱性而談一切

世間山河大地草木叢林。松直棘曲。鵠白烏玄。皆眞如心中。自性佛法。故法華云。資生業等。皆順正法者是也。所謂無明實性。卽佛性。幻化空身。卽法身。則無一法而非眞如。正是世諦語言。皆合道。誰家絃管不傳心。故佛依俗諦而言一切法也。卽非者。正是不可執一切法。皆是眞如佛法也。若謂法皆佛法。卽爾目前一一指陳。法法之中。何者爲佛。那是眞如。以一切諸法體性空寂。本來無有世界衆生故云卽非一切法此佛依眞諦而說也是故等正明一切法皆是佛法所謂染淨聖凡情與無情世出世間一切諸法無非佛法正是靑靑翠竹鬱鬱黃花高高之山溶溶之水無一法而非眞如佛法也此依卽俗卽眞中道第一義諦而說也固知一切非一切則無實矣一切卽一切則無虛也明矣亦說佛於然燈佛所無有法得故曰無實由無所得而今日得以成佛名釋迦牟尼此所以爲

無虛也。

二喻釋

須菩提。譬如人身長大。須菩提言。世尊。如來說人身長大。卽爲非大身。是名大身。

此以喻結法也。前文以須彌大身喻結應無所住而生其心。此復以非身大身喻卽非一切法是名一切法。以結實無有法發菩提心也。蓋佛說譬如人身長大。配上文所言一切法喻眞如法身徧在俗諦具無量功德名大乃相大也須菩提言世尊如來說人身長大卽爲非大身配上文卽非一切法喻眞如法身離一切障獨居眞諦名大爲用大也是名大身配上文是名一切法喻眞如法身卽俗卽眞有相有用名爲妙大是體大也故論云非身者無有諸相是名大身者有眞如體名妙大身問經文纔舉譬如人身長大佛言似尚未竟當機何得平空攔住言世尊如來說人身長大卽爲非

大身。是名大身。若是。則當機豈不鹵莽乎。答。查餘五譯。文勢皆然。審其所以知非當機答辭。乃佛拈前無住章中。當機已解之文。爲此中結證之辭。如曰。我說一切法卽非一切法。是名一切法。以明眞如法身非大爲大。曾對汝說譬如人身長大。汝須菩提言如來說人身長大。卽爲非大身。是名大身。汝既知前無住爲大。應亦知此無法爲大。更復何疑。此正喻結實無有法也。

二約因三 一明度生無法

須菩提菩薩亦如是若作是言我當滅度無量衆生卽不名菩薩何以故須菩提實無有法名爲菩薩是故佛說一切法無我無人無衆生無壽者

此示實無有法名爲菩薩應前當生如是心也由上如來引已於然燈佛時實無有法發菩提心者爲菩薩作則故茲特示云菩薩亦復如是設作一念我能度生則非菩薩何則以其有生可度則能

所不忘。四相宛爾。何得名之爲菩薩。故云卽非菩薩。然則如何方爲菩薩。讚須菩提。應當了知。若據實而言。須破三執。證三空。了諸法如幻。全一平等眞如實相妙體。除此之外。實無別有之法。方得名之爲菩薩也。以是義故。佛說一切法。旣一切法皆是佛法。則無復四相矣。故云是故一切法無我人等相。以我人等無故。則能所俱空。並其俱空亦空。實無一法當情。則菩薩雖終日度而無一生之可度。雖終日說而無一法之可說者此也。斯正菩薩度而無度無度而度也。

二明嚴土無法

須菩提。若菩薩作是言我當莊嚴佛土。是不名菩薩。何以故。如來說莊嚴佛土者。卽非莊嚴。是名莊嚴。

此示眞如自性。法身地上亦無所嚴之土。故言須菩提若使上求下化菩薩凡萌一念能所謂我能莊嚴佛土。是自誇其德。自伐其功。卽爲三輪不泯。

四相全具何得謂之上求大覺下化有情之菩薩哉故言卽非菩薩也何以故徵釋謂旣眞如自性菩提法身不可以言莊嚴何所以故如來尋常又教菩薩修六度化衆生莊嚴佛土耶以尋常教莊嚴者乃就俗諦明眞如法身有莊嚴也今日說卽非莊嚴者是就眞諦說眞如法身本來淸淨猶若太虛若欲莊嚴卽是爲混沌以開竅代虛空而畫眉可謂無事生事矣須知心淨土淨將甚莊嚴故

說卽非莊嚴。此明當體全空也。是名者。乃就勝義第一義諦明眞如法身。不落有無。遠離凡聖。雖無莊嚴。然亦不廢莊嚴。故云是名莊嚴。是於無莊嚴中。而說莊嚴也。正教菩薩以遊戲神通淨佛國土成就衆生耳。

三明達我無法

須菩提。若菩薩通達無我法者。如來說名眞是菩薩。

此結菩薩實無有法也。正謂度生莊嚴。展轉推窮

實無有法。然則須菩提。凡言有生可度。有土可嚴

即不名菩薩者何也。以能通達無我法者。方是菩

薩。設言有生能度。則不達衆生性空。若云有土可

嚴。是不達諸法性空。是則三執具而三空隱。安得

謂之菩薩。故云卽不名也。今旣於此通得衆生性

空。自無我執。達得諸法性空自無法非法執。是三

執破而三空顯。故如來說眞是菩薩。此中經文應

云。通達無我無法。其義始足。以秦譯尚減畧一無

字耳。且經文有三番。即非菩薩之語。初約能發心，次約能度生。三約所嚴土。皆反顯不得人法俱空，即非菩薩。至此文義皆極。故順結之曰。若果眞是菩薩。自必人法俱空。方名眞是。然眞是二字。翻前即非。此佛語照應之妙。如珠之走盤。獅之擲兒。一點不放空也。言眞是菩薩則能通達此法。所謂通則無物可壅。達則無法可礙。正是一竅虛通。八面玲瓏。無象無私。春入律。不留不礙。月行空。若爾方是通達無我法者。不入世間妄情。不落出世聖解。此則爲眞實發菩提心之眞菩薩也。設不達此則不得名菩薩矣。

二直顯般若本體 二　一審示 三　一約知見圓明 三

一示佛見圓見

須菩提。於意云何。如來有肉眼不。如是世尊。如來有肉眼。須菩提。於意云何。如來有天眼不。如是世尊。如來有天眼。須菩提。於意云何。如來有慧眼不。如是世尊。如來有慧眼。須菩提。於意云何。如來有法眼不。如是世尊。如來有法眼。須菩提。於意云何。如來有佛眼不。如是世尊。如來有佛眼。

此因前文說通達無我無法眞是菩薩恐其菩薩未識眞如不變。而妙能隨緣之義。或執之曰。無我無法。只此就是眞菩薩矣。將謂究竟要知雖無生法二執。若一執定以此爲是。則又坐在俱空境上。正是雲門道的。法身有兩般病。到得法身邊爲法執不忘。已見猶存。是一。直饒透得法身。放過卽不可。仔細檢點將來。有甚麼氣息。亦是病。故文殊暫起法見。如來威神攝入二鐵圍山者此也。此正爲只知寂然不動。以爲了當。庶不解感而遂通的道理。豈不向死水裏淹殺耶。故佛歷歷審問。以發明耳。良由如來圓具五眼。故能徹見三心。以心非心。則衆生性空。悟得此理。雖是終日度生。而實無衆生可度。斯教菩薩雖無我法。不妨稱性起用。而熾然度生也。故說如來五眼不離衆生肉眼。正顯生佛平等。以證上文是故如來說一切法皆是佛法之義也。此先問云。須菩提。於意云何。如來有肉眼不。且道瞿曇老子。爲甚麼發此一問。向下當機意謂縱觀如來靑蓮花眼。亦在佛面。故云如來有肉眼。這是甚麼意思。豈有三界大師。四生慈父。尙不知平日具眼不具眼。轉向當機口角邊覓消息。討下落耶。葢我世尊。良有深意。所以道如來還有肉眼不。只此一問。將箇般若本體平等眞如滿盤托出矣。何則。以當機答有肉眼。旣有肉眼。則我如來不異凡夫。且凡夫亦有肉眼。則凡夫何嘗非佛。故云有肉眼。是明生佛平等之道也。又問如來有天眼不。蓋當機意謂佛號天中天。豈無天眼。故云有天眼。則我如來何異諸天。且諸天亦有天眼。何異於佛。此明天佛平等也。次又問云。如來有慧眼不。此慧眼卽小乘聖人具者。故經云。我從昔來所得慧眼是也。而當機謂佛乃聖中聖烏得無慧眼。故答之曰。有慧眼。既有慧眼則我如來何異小聖。然且小聖亦具慧眼則小聖與佛何殊。此正顯小大平等也。而更問云。如來有法眼不。當機意謂佛號法中王烏可無法眼。故云有法眼。既有法眼則我如來何異菩薩。然則菩薩亦具法眼。又且菩薩與佛何別。此明因果平等也。如來至此更復問曰。如來有佛眼不。當機謂三覺圓明。稱之為佛。奚無佛

眼。故答之曰。有佛眼。既有佛眼。則我如來與諸佛
無異。且諸佛亦具佛眼。於我如來無別。此顯唯佛
與佛。乃能究盡諸法實相。佛佛道同也。不唯佛與
諸佛是同。亦且在凡同凡。在天同天。在聖同聖。在
菩薩同菩薩。在諸佛同諸佛。所謂溪山雖別。風月
是同。正明平等眞如實相本體。在聖不增。處凡不
滅。是故如來說一切法皆是佛法者此也。然上五
眼若局而論之。則各有揀別。所謂天眼通非礙。肉

眼礙非通。法眼唯觀俗。慧眼了眞空。佛眼如千日。照異體還。同以是義故。後後勝於。前前而前前劣於後後。故凡夫唯一。天人通二。小聖具三。菩薩有四唯佛具五。所以徹見眞如生佛情空。一相平等也

　二示佛知圓知

須菩提。於意云何。如恆河中所有沙佛說是沙不。如是世尊。如來說是沙。須菩提。於意云何。如一恆河中

所有沙。有如是沙等恆河。是諸恆河所有沙數佛世界。如是寧爲多不。甚多世尊。佛告須菩提。爾所國土中所有眾生若干種心。如來悉知。何以故。如來說諸心皆爲非心。是名爲心。所以者何。須菩提。過去心不可得。現在心不可得。未來心不可得。

以上文明佛能見之眼。此明所見之生心也。須菩提。於意云何。如恆河中沙。佛說是沙不。乃即事以驗證也。如是世尊下。卽當機證信。佛具肉眼。不異凡夫以凡夫說是沙佛亦說是沙然凡夫但知是沙不知一河之沙數有多少佛則知之此佛所具肉眼雖然示同凡夫而凡夫不可及也須菩提於意云何下如一恆河中所有沙等此驗佛有天眼也一恆河長四十里其中沙細如麵有一沙派一河派盡其沙則恆河之多無量無邊恆河沙以派世界有一沙計一世界每一世界各有三千大千之數則世界復成無量無邊在諸天眼縱能知一

河沙足矣。而況沙等恆河。復派沙等世界。而界復各具三千大千之數。則諸天之眼。不能及矣。然佛雖曰天眼。則能盡見。正謂山河天眼裏。世界法身中。雖佛示同天眼。而諸天之所不能及也。然佛告須菩提下。明佛具慧眼之實。言國土者。即世界也。謂無量無邊沙數世界。每一世界有若干衆生。一一衆生有若干心性。在二乘慧眼。縱有他心。亦不及此。而佛雖示同慧眼。無分情器。一切悉見。此所以超乎二乘。而二乘之慧眼。不可得而比也。何以故。下。徵明佛具法眼之實。謂何所以故。沙界生心。佛悉盡知。譬以衆生心行雖多。不過以顛倒妄識爲心。皆非眞實常住之心。故曰如來說諸心。爲非心也。是名爲心者。正言妄識原無實體。徒有心名而已。在菩薩雖具法眼。尙未徹見生心皆妄。諸法盡空。然佛雖名法眼。而能盡知盡見。故法華經云。我是一切知者。一切見者。乃至汝等天人。皆應到此覲無上尊。以是而觀。則菩薩法眼。却又不可及矣。所以者何。下。徵釋非心為心。以證佛具佛眼之實。謂如是沙界無邊。衆生無量。心性若干。佛悉知之者何也。良以一切衆生。三世遷流。妄想之心。原無實體。皆不可得也。故云過去現在未來。皆不可得。言過去已滅。未來未至。現在不停故也。古德有云。三際求心心不有。心不有處妄緣無。妄緣無處卽菩提。生死涅槃本平等。應知佛眼。乃五眼之最。

求其致極不出覓三世心不可得處而見所以前章諄諄教菩薩發心度生嚴土皆不可得的實無有法而爲心者此也故可禪師求達磨安心磨云將心來爲汝安可云覓心了不可得磨云爲汝安心竟卽德山向婆子買油糍點心婆問三心不可得汝點那一心德山無對迨至龍潭吹滅紙燈始悟雖然也只會得箇不可得心現前諸人且道不可得心畢竟是箇甚麼切莫作麻三斤乾屎橛會

若是恁麼見解。則早落可得心。直饒不恁麼。亦落可得心也。

三示實福非福二　一明有實非多

須菩提。於意云何。若有人滿三千大千世界七寶以用布施。是人以是因緣。得福多不。如是世尊。此人以是因緣。得福甚多。

此承上文謂我言三心皆不可得。於汝須菩提意下云何。設若有人。以不可得心為因。用滿三千大千七寶爲緣。布施與人。此人以是因緣得福多不。當機謂如是世尊。此如是者正明以不可得心如於眞如性空之是。故應和同聲而答之曰如是世尊。此人旣以不可得心爲因。用七寶布施爲緣。且布施七寶。復不住相。則福感無漏。誠甚多矣。此言甚多者。以七寶布施。縱雖住相。其福已多。況不住相則所感福德。豈不甚多者哉。他譯此甚多下。皆有佛言如是如是。秦譯畧此。或問。心旣不可得則

修福亦不可得如何能得甚多福德此云何通答

豈不聞乎犀因玩月紋生角象被雷驚花入牙𥅗

月非有意於犀而犀玩之生紋雷非有心於象而

象驚之起花以是類推如雷長芭蕉鐵轉磁石皆

無有心而有是力物旣尙爾理何不然是知不可

得心爲不得之得乃大得也故言甚多復何疑哉

二明無實乃多

須菩提若福德有實如來不說得福德多以福德無

故如來說得福德多。

此如來就當機答福德多處急轉一語令其升堂而入室也須菩提若福德有實如來不說得福德多此正明大千寶施若出有心皆染污行獲福有限且亦不實如來必不肯說得福德多以上反顯有心非實福亦不多以福德無故如來說得福德多者此順釋也所言多者以是不可得心而行於檀度深達福德其性本空毫無希望要知雖不期

福德而福德自成、正猶空谷風雲、然谷不與風雲期而風雲自至。亦如深山草木、而山不與草木約則草木自生。是知以不可得心、無住行施、其所得福德乃無漏無為無上之果。故云甚多。此中無字、正是離相無住之無。故如來說福德多也。然此正明佛具五眼、徹見三心。一切衆生事理二行福德淺深、悉知悉見也。以顯平等本體、不可以有心求、亦不可著無心覓。乃教吾人一念不生、則全體皆現所謂不可得中恁麼得也。

二約色相言說 三　一示卽色非色

須菩提。於意云何。佛可以具足色身見不。不也世尊。如來不應以具足色身見。何以故。如來說具足色身卽非具足色身。是名具足色身。

此釋上文若福德有實則不說多。以福德無故如來說多也。須菩提於意云何下。謂世出世間福德之多。莫過於佛。所謂萬德莊嚴。百福相好。可謂多矣故拈色身見審欲令當機知此福德有實則不說多之所以也故云可以具足色身見不空生對曰不也世尊只此一荅是福德有實不說多之義則不待辯而自明矣故決之曰如來不應以具足色身見此正顯佛非色見葢清淨法身猶若虛空應物現形如水中月豈可以色見哉此正顯福德無實如來說多耳言具足者卽成就八十種隨形好也而言八十種者名載法數茲不繁述需者查

之此明無好不具無相不足言色身者即如來應身也雖然無相不具無好不足亦不出乎色法故言色身也以此觀之則如來具足色身尚屬有爲猶非一塵不染般若本體而況三乘六道之色身乎當知一落色身即屬有爲而非無爲之本體也故下徵釋謂如來尋常說色身萬德莊嚴百福相好者此何以故以佛順俗諦說具足色身順眞諦說即非具足色身順中道第一義諦說是名具足

色身、此中說不應以具足見者。乃就眞諦而言之

也。

二示卽相離相

須菩提。於意云何。如來可以具足諸相見不。不也。世

尊。如來不應以具足諸相見。何以故。如來說諸相具

足。卽非具足。是名諸相具足。

此承上文。不惟色身如此。卽其色相亦然、所言相

者。卽華嚴相海云。如來頂上有三十二衆寶莊嚴

相。其次眉間眼鼻各一相。舌有四相。口有五相。齒間脣頸各一相。右肩二相。左肩三相。胸臆一相吉祥。左右邊共十相。左右手共十三相。陰藏一相兩髀兩䏶左右伊尼鹿王腨共有六相。寶腨上毛一相。兩足共十三相。以上共九十七種大人相也。若廣而論之。則如來有十華藏世界海微塵數大人相。一一身分。眾寶妙相。以為莊嚴。所謂相相無邊無一相而不具足。故云具足相也。此報身也。雖然相好莊嚴。亦屬有爲。非同法身。離相淸淨眞如平等。自性般若本體。如來之像。尙然乃爾。何況九法界之相乎。要知一落有相。卽非離相法身般若之本體矣。故當機答曰。不也世尊。不應以諸相見也。然復徵云。如來尋常說具足相。並相海無邊者。此何以故。以佛順俗說具足。順眞說卽非。順中道說是名。此說不應者。亦就眞而說也。須知佛相旣非。則一切俱非。不妨俱非亦非。正是行到水窮處矣。

到得這裏。則色色眞如相。相相實相。所謂坐看雲起時也。若然。則不但佛身是名法身實相。卽九界身相。亦皆法身實相矣。豈非平等眞如般若本體者哉。

三示卽說非說

須菩提。汝勿謂如來作是念。我當有所說法。莫作是念。何以故。若人言如來有所說法。卽爲謗佛。不能解我所說故。須菩提。說法者。無法可說。是名說法。

此復承前二章謂不但身相非身相。卽說法亦非說法也。恐當機意謂色身相好既不可得。然則現在祇園會上說法的。這個黃面老漢却又是誰聻。以故世尊乃呼名而告之曰。須菩提。汝勿謂如來有所說法。勿者禁止之辭。猶云不可也。謂者乃私竊而評議也。須知佛本無念。汝若謂如來作是念則不可耳。何則。佛所說法無非應機而談。遂見如來有所說法。若在法身地上。原無能說之者。葢法不自說其法。如眼不自見其眼也。即雖應機說法實無能說之心。正由無念方能說法。謂作是念可乎。故佛誡之言。莫作是念。蓋上之作念乃是勿謂佛作念。此之作念係佛誡當機也。言作念者所謂起心動意曰作。明記不忘爲念。正言汝等不可起心動念私竊品題。將謂如來有所說法。何所以故。設若有人。私竊謂言道。我如來有所說法。若爾。不唯不是讚佛。乃眞謗佛也。以佛所說之法無非對

症發藥。原無定在。不過去衆生執著之病耳。若衆
生病除則藥亦棄。若謂如來有一定空有等法。豈
非謗佛而何。不惟謗佛亦且不解如來所說之義
矣。以是義故。所以誡爾須菩提莫作是念也。然在
如來現相說法無非因機施設。皆是向無色相處
現色相。而於無言說中示言說。須知言說法者。此
如來順俗諦也。言無法可說者。如來順眞諦也。言
是名說法者。乃如來卽俗卽眞卽空卽有順中道

第一義諦也。是皆如來說而無說。無說而說耳。正謂四十九年。不曾說著一字者是也。

三約衆生非生二　一當機起疑問生

爾時慧命須菩提白佛言世尊。頗有衆生於未來世聞說是法生信心不。

此當機示疑。以問深義也。因世尊據生佛平等眞空實相而明發心無法。得果無法。得記無法。乃至菩薩度生無法。嚴土無法。達我無法。所以然者皆由三心不可得也。而況更明佛之色身非色身相好非相好。說法非說法。當機至此。未免躊躕。是自亦未了。兼爲諸人。故興是問。此須菩提加慧命之稱者。以前來深明般若。善達佛慧。妙悟無諍。以慧爲命。故云慧命。此自利邊說也。又且謹遵佛命。轉教菩薩。是傳佛慧命。故曰慧命。此利他邊說也。蓋其意謂是法甚深。現在還可。若於未世頗有衆生聞是上來種種之法。還能信得及。不須識尊者。此疑。所謂替人擔憂也。

二如來決答非生

佛言須菩提。彼非衆生。非不衆生。何以故。須菩提。衆生衆生者。如來說非衆生。是名衆生。

此正信心。不無其人。但人之與人稍不同耳。所以佛言彼非衆生也。正謂末世衆生能信此法。而此衆生即非衆生。乃聖人也。何則。以能信般若即信自心。自心。自心是佛。自心作佛。非聖而何。但其惑業未

盡斷。相好未全具雖是聖人之心。尚局凡夫之相
故曰非不衆生。以其心雖迴出時流。其如形相尚
滯生界故。五住未盡。二死未亡。縱達煩惱性空。猶
有所知爲障耳。故徵釋云。蓋我言彼信心之人非
衆生非不衆生者此何以故遵須菩提要知衆生
衆生者此重言之義。乃是釋上二句。言旣非衆生
又曰衆生者何意。下二句正釋。謂如來說非衆生
言非是凡夫衆生。說是名衆生。乃是說聖性衆生

也然聖人亦稱眾生者不過是名而已實非凡夫之眾生也若約三諦分釋者以此信心眾生已是聖人尚名爲眾生者是順俗諦之名也如來說非眾生者是順眞諦聖人之名也是名眾生者乃聖凡不二順中道第一義諦之名也既云不二豈非平等眞如般若本體者哉

二直顯三 一善吉呈悟

須菩提白佛言世尊佛得阿耨多羅三藐三菩提爲

無所得耶。

此當機呈悟也。因聞色身非色身。相好非相好。說法無所說。衆生非衆生。是能度所度。能說所說。一切皆空。始知實無有法矣。方解半觔原是八兩。故此白言。然則佛得菩提。乃當眞爲無所得耶。而此耶字。雖似疑辭。却是悟處。當知尊者悟處也。只悟得個無所得耶。夫無所得方是眞得。正所謂無所不得。爲極妥極當矣。

二如來印證

佛言。如是如是。

此如來因當機會無所有得之旨且極妥當。故印可之曰。如是如是。以言其極當也。

三正顯本體　二　一自性平等　三　一本無欠餘

須菩提。我於阿耨多羅三藐三菩提乃至無有少法可得。是名阿耨多羅三藐三菩提。

此伸印證之意。蓋我所以道如是如是者以無上正等正覺。乃佛自證之理。設有一法可加。則不得謂之無上。有一法可減。則不得謂之正等。若有加減。則不得謂之正覺。因其無欠無餘。故稱無上正等正覺。須知不但無有多法。亦無少法可得也。即阿耨菩提。亦無有法。故言是名。等既無一法可以加減。非平等本體而何哉。

二本無高下 二 一直示平等

復次須菩提。是法平等。無有高下。是名阿耨多羅三藐三菩提。
此釋上無少法可得也。謂佛於阿耨菩提無上心法。言無有少法可得者。以是眞如自性實相妙法。上與十方三世諸佛平下。下與九界衆生等。故曰是法平等。由其平等。是以諸佛雖高此菩提心法亦無有高。衆生雖下此菩提心法亦無有下。故言無有高下。由其無高無下。所以在聖不增。處凡不減。故曰平等。若然。豈非眞如自性般若本體者乎。此正如來以平等本體直示諸人也。須知此平等二字乃佛出世本懷。亦此經之教眼也。若夫序文著衣持鉢。入舍衛城。次第而乞。此明如來行平等之事也。至於次第乞已。還至本處。收衣而坐。此顯如來證平等之理也。及乎正宗文中。問答發揮。皆如來說平等之法也。即其降心離相。住心無住。乃彰此平等之用也。而至菩提無法。展轉推詳。皆顯此平等之體也。自此之後。雖有多文。無非顯此平等之義也。卽當機前來涕淚悲泣。乃信解此平等之用也。今者復呈菩提無得。正悟入此平等之體也故知此是法平等一句經文。乃如來畫龍點睛。只要諸人向破壁飛騰而去耳。讀是經者。亦不可不著眼也。

二轉釋平等

以無我。無人。無眾生。無壽者。修一切善法。則得阿耨多羅三藐三菩提。須菩提。所言善法者。如來說卽非善法。是名善法。

此轉釋平等所以。正恐當機意謂理既平等何用修習。故佛舉此而轉釋也。然雖平等非謂不修得成正覺。但修有二。一隨相修。二離相修。若依隨相之修。則不得菩提。設能達得心法平等。以無我等四相。離相而修一切善法。則得菩提。言一切善法者。卽四攝六度。乃至十八不共等法是也。蓋須菩提所言下。是名善法亦空也。謂我所以說一切善法者。此不過順俗諦斷眾生之執無也。我所以說即非善法者。無非順眞諦破眾生之執有也。我所以說是名善法者。亦不過順中道第一義諦破眾生之執亦有亦無。非有非無也。以是而觀。四句既遣。百非斯盡。豈非實相眞空自性平等之體耶。

三引事顯勝

須菩提。若三千大千世界中。所有諸須彌山王。如是等七寶聚。有人持用布施。若人以此般若波羅蜜經乃至四句偈等。受持讀誦。爲他人說。於前福德百分不及一。百千萬億分。乃至算數譬喻所不能及。

此因上明無修而修。無得而得。平等自性實相本體。以其經義甚深。故宜舉斯而較勝也。然以山王寶聚。不及四句經文。以寶施屬有爲善法。此四句乃無爲善法。正顯般若爲最勝也。蓋此四句所詮之理。乃平等自性也。稍有相應。則妙覺圓明。因果交徹。理事融通。卽不持戒。而毘尼嚴淨。卽不集福而萬德莊嚴。即不出家。而出家事畢。即不求佛而成佛有餘。然則也須絕去百非。離却四句始得。不然。則好個阿師。又恁麼去也。此經凡較量以般若爲貴者。須知地力不及水。水不及火。火不及風。以其質愈微。則其勢愈重。然風又不及心。以其心無形相也。故其力更不可思議矣。正是千錐劄地不若鈍鍬一揲耳。

二諸相平等 五 一約生佛以顯平等

須菩提。於意云何。汝等勿謂如來作是念。我當度衆生。須菩提。莫作是念。何以故。實無有衆生如來度者。若有衆生如來度者。如來即有我人衆生壽者。須菩提。如來說有我者。即非有我。而凡夫之人。以爲有我。須菩提。凡夫者。如來說即非凡夫。是名凡夫。

自此至經終。皆展轉明上文平等之義也。正恐尊者秖知向自性內覓平等。故我如來廓而充之。令伊向法法頭頭識取此理。故自此而下五章經文。

以明無往而非眞如自性實相平等之本體也。正明能度所度皆不可得。以成一相平等耳。前云我於菩提無少可得。又云無我人四相修一切善法。然恐當機謂既修善法。必度衆生。既有能度。必有所度。何謂平等聻。故佛以金剛王寶劍而掃蕩之曰。須菩提。并及現前一切衆等。愼勿妄議謂我作念。當度衆生。又復云須菩提。莫作是念者。正如來珍重之極。誡之至也。向下徵釋謂如來修善法原爲度衆生。今敎莫作是念。此何以故。正以菩提心法。旣曰平等。則生佛皆具。自無高下。然則豈有高爲能度之如來。下爲所度之衆生。故曰實無有衆生如來度者。所謂平等眞法界。佛不度衆生。此順釋佛具眞如自性平等法界。所謂無我無人修善法也。若有下反釋也。謂佛與衆生原是一體。絕無能所。若曰有衆生爲如來度者。則能所歷然。話成兩橛。則是如來亦有四相矣。旣具四相。豈還得爲如來哉。且阿耨菩提之法。轉而爲不平等矣。有是理乎。此以衆生乃佛心之生。謂生卽非生。故言實無有生。所以終日度而無生可度也。以是而觀。則所度空也。然此如來說有我者。下明能度空也。葢此中有我之我。乃承上我人之我而來。恐有人謂我旣無我等四相。如何又說我爲法王。於法自在。聾葢不知此我乃法身眞我。非同四相之我。所謂無我而我。我而無我之義也。而佛尋常說有我者是順俗流布而說我然我卽非我奈世間凡夫之人逐塊尋香認名取相將以爲實執之有我是皆錯解耳在如來分中則非有我也經文至此則能所皆空生佛平等矣須菩提下三句乃是如來恐人不解凡夫性空茲故順帶公文一并掃去言凡夫者乃泛爾之流所謂凡愚無智之者深著世法非我不言於五蘊中心心緣我在六塵上念念執我逢人起慢遇物生貪從迷積迷因妄成妄著衣

喫飯那知溫飽饑寒送客迎賓豈解瞻前顧後苟延歲月虛過光陰乃是泛常之夫以故名之曰凡夫也須知我平時說法謂凡夫者乃依俗諦也說非凡夫者依眞諦也說是名凡夫者乃依中道第一義諦發明是凡非凡凡卽非凡之是名凡夫耳此名凡夫空也然則上無能度之佛下無所度凡夫眞所謂無高無下甯非生佛平等者乎

二離空有以顯平等　三　一離有見

須菩提於意云何可以三十二相觀如來不須菩提言如是如是以三十二相觀如來佛言須菩提若以三十二相觀如來者轉輪聖王即是如來須菩提白佛言世尊如我解佛所說義不應以三十二相觀如來爾時世尊而說偈言若以色見我以音聲求我是人行邪道不能見如來

此離常見以明不有也葢佛恐世人不解如來無我說我執為實我故此呼當機而問之曰須菩提

於意云何而凡夫之人將謂我有我耶既然有我是必有身既有身形必具相好則是可以三十二相觀如來矣不之一字正審問之意謂可耶不可耶前云三十二相見如來茲言三十二相觀如來葢單目曰見兼心曰觀心目雖殊而取相一也須菩提下正明凡夫之人既不知佛無我說我又豈能識離相見佛自然必以三十二相而觀佛矣故對之曰如是如是以三十二相觀如來此一定之

理也佛言須菩提下佛謂如來者卽諸法如義所謂眞如法身也然法身非相豈可以三十二相而觀之乎若定要以三十二相觀如來者而轉輪聖王亦有三十二相則將就是如來矣有是理乎而轉輪王稱之爲聖者以其不行殺戮十善導人之故也亦具三十二相但較於佛稍欠明顯然佛之三十二相是依法身而現者王之三十二相乃依業因而生也其王有四謂金銀銅鐵也而金輪王

四洲。銀輪王三洲。銅輪王二洲。鐵輪王一洲。然此聖王生時。卽具七寶。所謂一金輪寶名勝自在。二象寶名青山。三紺馬寶名勇疾風。四神珠寶名光藏雲。五主藏臣寶名大財。六女寶名淨妙德。七主兵臣寶名離垢眼。有此七寶爲轉輪王。欲東則輪寶東飛。欲西則輪寶西往。設諸小國有不順命。輪寶先往。不待干戈而自賓服。所以王四天下。具足千子。其身金色。三十二相。與佛頗同。乃世間第一福德人也。須菩提白佛下。足見尊者舌頭無骨。眼裏有珠。慣向順水推船。又會隨灣轉柁。故云如我解佛上來所說法身非相之義。自然不應以三十二相觀如來矣。當機意謂以相觀佛。輪王即是如來。若然。是不應以相觀矣。雖然如是也。只道得一半。何不向如來未說輪王之前。舉此二句。聾所謂隨人脚跟轉也。故向下如來也不印其是。亦不斥其非。一總付之不理。而說偈言。蓋佛意謂我所說不應以三十二相見佛。勿謂如來有所說法者。何耶。恐其取相凡夫。妄生貪著故也。故言設若一切衆生以三十二相之色。以爲能見我者。以聞如來四辯八音之聲。以是而求我者。故下斷云。是人行邪道。以邪道者。不達自性平等。向外馳求。尋言取相。非邪而何。故言不能見如來。自不能見離相法身之如來矣。此明相即無相。乃除常見。令人不滯於有也。

二離空見

須菩提。汝若作是念。如來不以具足相故得阿耨多羅三藐三菩提。須菩提。莫作是念。如來不以具足相故得阿耨多羅三藐三菩提。須菩提。汝若作是念。發阿耨多羅三藐三菩提心者。說諸法斷滅。莫作是念。何以故。發阿耨多羅三藐三菩提心者。於法不說斷滅相。

此離斷見以明不空也。乃因前文實無有法發菩提心。乃至說法者無法可說。實無眾生如來滅度。
且說無少法可得菩提。又云不應以三十二相見
佛。是則生佛因果等法。一切皆空矣。然在如來此
說。不過去人執有之心。以顯平等自性耳。但恐當
機不達此意。雖除於有。未免執空。將謂證菩提者
必無具足相。設有具足相。便是輪王。即非證菩提
之者。何則以證菩提人。不應以具足相故。若然。是
纔離有見。又入空見矣。須知有見可醫。空病難治。

所謂豁達空。無因果。茫茫蕩蕩招殃禍。正是寍起有見如須彌山。莫起無見如芥子許者此也。但人一起此見。亦爲枯木死灰。成斷見纏空之種。故我如來恐當機雖知具相非有。然恐又著斷空。以故呼其名而問之曰。須菩提。汝因上來聞如是說。將謂是諸法皆空耶。若作此念。且謂如來得菩提時。不應以此具足之相乎。設爾則是撥無身相而成斷滅見矣。故復呼名而誡之曰。莫作是念。此正諄

諄誡勉切不可道如來不以具足相得菩提也何
則如來所得法無實無虛設人執有爲增益謗執
無爲損減謗是不惟道有不可即是道無亦不可
良以實相無相無不相也故又重呼之曰汝須菩
提若不聽我之教仍作不以具相見佛之念堅執
不捨且執實無有法等說以爲極則若是則凡有
發阿耨菩提心者以爲無因無果而說諸法爲斷
滅矣諸法者即陰處界等并上菩提生佛因果之

法也。於果則損福德莊嚴。於因又滅五度之行。則墮損減之謗。而入斷滅坑矣。其過甚大。故我敎汝莫作是念。此何以故說莫作是念。蓋以不發心則已。但能發菩提心者。必行六度四攝。廣興佛事。饒益衆生。於上諸法必不肯說斷滅相也。蓋如來之空。非同外道消礙入空之空。亦不似二乘唯斷見思。除分段證偏空之空也。須知自正宗至此。從前一往如來皆談妙有。所謂妙有不有。以故卽有而說空也。自此望後直抵流通。皆是說眞空。所謂眞空不空。是卽空而明不空也。是知有不住有。方名妙有。空不滯空。始曰眞空。經文至此。旣超空有。復離斷常。豈非中道實相平等之義乎。此章如來三喚當機。耳提面命。正恐當人錯解佛意。妄說諸法皆空。以故再三告誡耳。所以頻呼小玉原無事。秖要檀郎認得聲。總之眼不逐色。何妨柳綠花紅。耳不循聲。一任鶯啼燕語。

三較福勝二一較勝

須菩提。若菩薩以滿恆河沙等世界七寶。持用布施。若復有人。知一切法無我。得成於忍。此菩薩勝前菩薩所得功德。何以故。須菩提。以諸菩薩不受福德故。

此因前云通達無我法者。真是菩薩。又云如來說有我者。卽非有我。然此我無我法。恐人難明。故佛指現前有相之施。以顯無法之理也。而佛謂當機曰。若有菩薩以恆河沙界寶。持用布施。其爲功德可謂多矣。此引有相事也。若復又有一種人。他却不能以滿沙界之寶。而行布施。但知世出世間染淨聖凡。以至五陰。六入。十二處。十八界等。一切諸法。當體全空。而無有我。會得空不住空。我無我法二。皆忍可。少則彈指之間。多則久經歲月。決定印可。了了分明。亦不出之於口。唯自忍之於心。故言得成於忍。乃爲無生法忍也。而下較量云。此得忍菩薩。勝前寶施菩薩所得之功德也。以寶施者乃有得心。是以爲劣。而得忍菩薩乃無爲心。是以爲勝耳。何以故下。釋其勝之所以。謂沙界寶施不及得忍者。此何以故。以其此諸菩薩旣獲無生法忍。則證無爲。了得生而非生法亦非法。生而非生不妨非生而生。法亦非法何礙非法而法。若然是誰受福德。誰又不受福德耶。

二論福 二 一當機問福

須菩提。白佛言世尊。云何菩薩不受福德。

當機因聞不受福德未達此理。持疑不決。而興此問也。

二如來答福

須菩提。菩薩所作福德。不應貪著。是故說不受福德。

此佛因尊者未了不受福德之義。故告之曰。須菩提。設或菩薩若受福德。是貪著福德也。故我所以教菩薩所作福德不應貪著。蓋不應二字。乃誡辭也。言其切不可貪著耳。何則纔生貪著。卽成有漏。

因既有漏果亦有漏。縱具三十二相但同輪王。不名為佛。唯作福不生貪著。則因成無漏。因既無漏果亦無漏。所得三十二相莊嚴法身。名之為佛。以是不貪著之義故。所以我說菩薩不受福德也。然此不受。非撥棄百福相好萬德莊嚴為不受。乃是不貪著為不受耳。非絕無之不受也。所謂無貪無著。不受之受。受而無受。應知上文言不應以三十二相觀如來是妙有不有。離常見也。今此莫作是念。如來不以具足相得菩提是眞空不空。離斷見也。觀佛說法正似水上葫蘆捺著便轉。日中寶石色無定形。若謂如來無相而不知如來即相也。若謂如來即相無相而不知如來非即相非無相也。若謂非相即相即落常見。若謂即相無相又成斷見。須知非即俱非方得斷常斯泯。既離斷常之見則非空有可拘。寍非眞如平等之義哉。

三無去來以顯平等

須菩提。若有人言。如來若來若去。若坐若臥。是人不解我所說義。何以故。如來者。無所從來。亦無所去。故名如來。

此明法身無去來。顯平等之義也。乃因上文若以色見聲求。不能見佛之偈。恐有謂言。如來現今語默動靜四威儀中。有目皆覩。有耳皆聞。何云不見。故佛喚當機而告之曰。設若有人作如是言。以為見我。或入舍衛去。或歸祇園來。有時跏趺而坐。有時吉祥而臥。若然者。是人皆不解我上來所說之義矣。何則。我前來曾云如來者。卽諸法如義。旣是如義。何有去來之相。坐臥之實哉。此不過示同人法應身邊事也。若在法身體上。尚不可形相而求。所謂語言道斷。心行路絕。又何得有如是之事乎。故下徵釋云。謂不可以語默動靜去來坐臥而見者。此何以故。蓋如來者。卽諸法如義。體卽實相。無相無不相。縱有去來坐臥。無非因機而示耳。不惟現在祇園來說來而無來卽從兜率來亦未嘗來也不但舍衛去云去而無去卽後向雙林去亦未嘗去也若以此論在如來則不來相而來乃眞來也在衆生則不見相而見乃妄見也須知如來若來已更不來若去已更不去所謂來無所從去無所至則所可見者更不可見矣故云無所從來亦無所去由是無來無去以故名之曰如來也縱使如來日用尋常去來坐臥不過雲駛月運舟行岸

移。然月未嘗運而岸未嘗移。蓋隨其機見耳。又如月之印水。不知月不印水。而水自印也。此正結前去舍衛來。祇園乃至敷座而坐一段公案。即無來去坐臥。以明平等之義也。

四非一多以顯平等

須菩提。若善男子善女人。以三千大千世界碎為微塵。於意云何。是微塵眾寧為多不。甚多世尊。何以故。若是微塵眾實有者。佛即不說是微塵眾。所以者何佛說微塵衆卽非微塵衆。是名微塵衆。世尊。如來所說三千大千世界卽非世界。是名世界。何以故。若世界實有者。卽是一合相。如來說一合相卽非一合相。是名一合相。須菩提。一合相者卽是不可說。但凡夫之人貪著其事。

此因上明如來法身無去無來。恐有謂言有去來者。是化身。無去來者爲法身。在衆生則有去來。在佛則無去來。若是則三身相異。生佛相乖。何名平等之義。故佛以目前三種世間人所共知者而例明之也。然則此中當作三番會釋。於理方暢。所謂一器世。二情世。三至眞覺世。且初順文就器世之聚散。以明非一非多。無去無來之事。此中說須菩提。設或世間有等善男善女能修析色歸空觀者。而以大千世界七分七分碎而又碎。以至碎爲極微之塵。於意云何。這樣大的一個世界。被伊分碎做了極細的微塵。設以數量而計。如是極微之塵衆。盡還謂得多否。此正審其為多耶。不多耶。蓋當機意謂莫大之界。碎而為塵。即二乘天眼難以盡悉。奚可以數量計哉。故云甚多世尊。然此甚多乃尊者就問而答也。向下徵釋正是尊者另行一路意謂我之答多。無非就事而論事因問多而答多也。然則極微之塵雖似衆多非有實體可以言多也。何以故。譬若是極微之塵。如斯之衆實有其體者。佛則不說是微塵衆矣。此明無體正顯塵性空也所以下又用體色明空觀微明微塵非色非空之所以也正以三諦收歸故言我說微塵甚多者不過順俗而言也設以眞諦而論則一塵不立諸法性空何況微塵而不空耶所謂一微空處衆微空衆微空處一微空一微空中無衆微衆微空中無一微由是而論故曰卽非微塵衆也設依中道第一義諦而論則三界唯心萬法唯識說甚塵與非塵原爲一體同是眞如何礙假名故云是名微

塵衆也。至此皆散世界而為微塵。下文乃聚微塵而為世界也。當機意謂不特微塵如此。即其世界亦然。故曰世尊。即前所說可以碎為微塵的那箇大千世界。不過微塵聚合而成。豈有實體者哉。故曰即非世界。此正明界性空也。然是唯心之界。故亦不廢假名。故曰是名世界。且復徵釋云。既曰即非。又道是名者。此何以故。以順俗諦則說大千世界。順眞諦則曰即非世界。順中道第一義諦。離即離非是卽非卽則曰是名世界向下通前微塵微後世界一總徵曰謂塵界俱空此何以故謂微塵世界果若是實有體者則是一合相矣所謂一合者乃無二無異爲一不離不散名合今則不然蓋世界旣可以碎而爲微塵則全塵皆離皆散非不離不散也微塵可以合而爲世界則全界皆二皆異非無二無異也由是而觀則塵界俱無自性當體皆空并其一合之相亦不可得矣故曰如來說

一合相卽非一合相也所以說一合者乃依俗也說非一合者乃順眞也說是名者爲順中道故也蓋方碎界爲塵之時但見塵多而不見界一今合塵爲界之際止見界一而不見塵多須知碎世界爲微塵是非多而多以明多無從來一無所去合微塵爲世界是非一而一以明一無從來多無所去以故多而非多不妨順微塵而言多一而非一何礙就世界而說一此言世界微塵非一非多不

妨而多而一也此則就器世間釋之已竟向下第二就情世間眞妄色心以解釋之蓋情世間眞妄色心者則大千世界例衆生心也碎而爲塵者正是從眞起妄迷心爲識所以種種諸識滾騰躍而轉生由一心法而生相見因相見而生五蘊六入十二處十八界乃至六百六十八萬四千法也言甚多者正比塵沙無明也言微塵性空者例煩惱性空衆生性空也約三諦而言微塵之非一非多

正例眞如非一非異也以上皆從眞起妄迷心爲
識以例衆生如去雖去而未去故言亦無所去向
下合塵爲界正比衆生返妄歸眞也大千世界者
乃眞如心也卽非世界者卽眞如本體圓滿菩提
歸無所得也是名世界例眞如徧在一切處有隨
緣之用也而上之微塵非多而多正是眞如心中
本無色心五蘊等之名相而成色心五蘊等之名
相也此中非一而一正是眞如卽色心五蘊等法

也。故楞嚴經云。如是乃至五蘊。六入。十二處。十八界。本如來藏。妙眞如性者。是也。蓋衆生雖悟此眞如。名爲如來。雖來而未來。故云無所從來也。三約至眞覺世。法應化釋。則大千世界。乃法身寂光眞境。碎而爲微塵者。以從體起用。自眞起化也。言甚多者。乃隨類化身。無處不有也。言微塵性空者。例應化非眞也。約三諦而言。微塵非空非有。以例應化皆法身而起。非實非虛也。此明從體起用。自眞起化自眞如實際中來須知來而無來則來無所從故云無所從來也而合塵爲界則例攝用歸體攝化歸眞也大千世界者乃一眞法界常寂光土法身眞境也卽非世界者乃法身離相也是名世界者例法身徧在一切處一切衆生及國土無往而非法身也約三諦而論世界非有非空以例法身之卽相離相非一非異也此則攝應化而歸眞如去矣是去而未去則去無所至故云亦無所去

也以上約三種世間釋竟下則總會三種明一合相蓋此一合相若在器世則名寂光眞境若在情世名曰眞如自性佛性本體若在眞覺世則名清淨法身所謂非實非虛非如非異以故如來說一合相則非一合相者正是此等名目雖屬無爲乃對有爲而立若在實際理地一塵不立何有如是之名目哉是名一合相者正明心佛衆生情與無情三種世間皆具此理也以故如來印云一合相

者卽是不可說正謂此理非如非異非實非虛所謂開口成雙橛揚眉落二三故法華云是法不可示言辭相寂滅者此也而今所以說一合相者不過因世間凡夫貪著其事說一合相耳此正如來一生心事從未向人吐露者皆是向無說中而說也須知四十九年無非爲取相凡夫貪著其事所以非三說三非一說一究竟如來本地分中原無三一之可得也

五卽諸見以顯平等

須菩提若人言佛說我見人見衆生見壽者見須菩提於意云何是人解我所說義不不也世尊是人不解如來所說義何以故世尊說我見人見衆生見壽者見卽非我見人見衆生見壽者見是名我見人見衆生見壽者見

此總除諸執以顯三空正智也此因經首離相章中云若菩薩設謂有生可度卽著我人四相又無

住章中言。若心取相。卽著四相。若取法相。卽著四相。若取非法相。卽著四相。以此觀之。如是四相。乃通經能掃諸執之法也。故佛至此問當機曰。若有人言。如來開口便說四相。須菩提於意云何。你道是人還能解我如來所說之義否。正謂解耶。不解耶。當機至此深悟平等本體。善會佛心。故答之曰。不也。言世人那裏解得此義。他將謂如來處處說四相。必謂實有四相可得。又何能解此四相爲非有非空乎故用何以故徵釋云以世尊說我等四見者乃順俗諦也說非我等四見者乃順眞諦也說是名我等四見者乃順中道第一義諦也若然則佛說我等四見義含三諦欲使一切衆生達得我卽非我無我而我了明自性頓證眞空妙有而彼凡夫外道之人烏得而解之哉若依除執顯空釋者至如佛說我等四見此就俗諦凡夫外道心取相者除我執也說卽非四見者此就眞諦出世

二乘取法相者。除法執也。說是名四見者。此就中道權位菩薩取非法相者。除非法執也。是則三執俱除。而三空智顯。豈非無實無虛非空非有中道平等之義乎。然此顯義五章。首明生佛者。乃聖凡無二。次約空有則不屬斷常。三無來去則應化齊遣。以上皆明正報不可得。以明平等也。四以一多明塵界性空。一合非一合。則依報不可得矣。以其萬法雖多。不出聖凡依正色心等法。一一發明直歸平等本體。今則並遣執之法。一并掃去。故有此第五章也。蓋如來自開會以來。均用此等四見。除人執情。發揮平等之理。今既平等體顯。而義復彰明。以故并此一同掃去也。所謂病好不須醫。則前佛說如筏喻者。法尚應捨。誠信然矣。

三通結始終心法

須菩提。發阿耨多羅三藐三菩提心者。於一切法應如是知。如是見。如是信解。不生法相。須菩提。所言法

相者。如來說卽非法相。是名法相、

此通收全經之義而結之也。正因經初當機曾問善男子善女人。發阿耨多羅三藐三菩提心。云何應住。云何降伏其心。世尊一往已爲發明。至此結曰。若欲發阿耨菩提心的善男信女。應如是知。如是見。如是信解。蓋此三句。正結一經問答也。至如前來問我云何應住我則教汝住心無住。不住六塵等法。汝應如是而知也。汝前問我云何降伏。我則教汝度生離相。乃至度盡眾生。不見有眾生可度。汝應如是而見也。汝前問我發阿耨菩提心法我則教汝無法發心。是眞發心。汝應如是而信解也。果能如是而知。是眞知也。如是而見。是眞見也如是信解。乃眞信解也。雖然如是也。要不生法相始得。何則。若是執定無住離相無法之說。是又執藥而成病矣。故如來之所以說法相者。乃順諦理而言也。故順俗則言法相。順眞則曰非法。順中道則曰是名也。乃我如來譚般若一境三諦。非縱非橫。不並不別。非有非空之本旨也。故說是名法相耳。所謂非有非空之眞空妙有也。若爾。則花香牒粉咸歸的的眞詮。水態山容盡合如如妙諦。以是推之。塵塵剎剎法法頭頭莫不是般若經焉。此明正宗竟。

三流通分二 一示勸流通二 一示通經益

須菩提。若有人以無量阿僧祇世界七寶持用布施。

若有善男子善女人。發菩提心者。持於此經。乃至四句偈等。受持讀誦。爲人演說。其福勝彼

此格量勸說。以示後人耳。文中言發菩提。自持爲人者。正顯此經爲發大乘者說。爲發最上乘者說也。苟非如是之人。則不能持說此經耳。謂其福勝彼者。正明四句般若。勝彼僧祇寶施。乃顯通經之益也。

二示通經法

云何爲人演說。不取於相。如如不動。何以故。一切有爲法。如夢幻泡影。如露亦如電。應作如是觀。

此明通經之法式也。正我如來悲心慮後。嘉惠將來。故於法會告圓之際。特特徵起以言之也。不取於相者。謂不取我法非法等之四相也。及不取言說心緣名字之相也。如如不動者。如如者。如於眞如也。不動者。卽眞如本體也。此正教弘經之士。悟如如之理。起如如之智。說如如之法。自利利人。同證金剛不動之本體也。須知取相則動。動則有爲。不取則不動。不動卽無爲。所以取相則不如如。而如如則不取相也。此意正明三種般若而結歸題旨也。爲人演說者。卽文字般若也。不取於相卽觀照般若也。如如不動卽實相般若也。此正如來示末世弘法之芳規耳。凡演說者。須不取相。安住眞如。自信作佛。自信是佛。決定無疑。然後始能豎拂揚眉。誨人不倦。俾聞法者。卽文字而起觀照。因觀照而悟實相。是眞佛子。是眞荷擔如來阿耨多羅三藐三菩提。是故徵釋云。定要不取於相。此何以故。以其世間一切有爲之法。卽五陰六入十二處十八界。此等之法。乃三有衆生妄執而有。不過如夢。如幻。如泡。如影。如露。如電而已。原無眞實。安可取而爲我人等相者也。故云應作如是觀。問。此相旣皆不實。渾如夢幻泡影等法。則何處是如如不動。答。非教伊撥去諸法。但於一切有爲法上。不生取著我人等相則彼陰界處等卽是般若眞心如如本體矣古云但離妄緣卽如如佛者是矣故楞嚴云五陰六入十二處十八界本如來藏妙眞如性又云汝但不隨分別世間業果衆生三緣斷故三因不生則汝心中演若達多狂性自歇歇卽菩提性淨明心本周法界不從人得何藉劬勞肯綮修證取於諸相乎既能心不取相則法法皆如既法法皆如又何往而非如如不動乎正龐居士道

的。但自無心於萬物。何妨萬物常圍繞。果然如是
方堪代佛轉輪入纏垂手。拖泥帶水。而利益人天
矣。

二正結流通

佛說是經已。長老須菩提。及諸比丘比丘尼優婆塞。
優婆夷。一切世間。天人阿修羅。聞佛所說。皆大歡喜。
信受奉行。

此正信受流通也。長老下。乃四眾八部也。言歡喜

奉行者據文殊所問經云。有三種義。一說者清淨。不爲利養。二所說清淨。如實知法。三得果清淨。故當歡喜而奉行也。須知此乃阿難結集之辭。意謂凡聞法歡喜。必有妙契於心。所以契則信。信則受。受必奉行也。爾時溥畹作是疏已。合掌禮佛而說是言。

稽首金剛無上士　甚深般若不思議

祇園普會諸聖賢　願賜慈悲垂加護

我今以蠡測大海　妄以凡心度佛智
冀即四見契如如　速證菩提平等道
以此功德報四恩　非爲自身希名譽
更願法界諸衆生　見聞隨喜皆成佛

金剛般若波羅密經心印疏卷下終

國家圖書館出版品預行編目資料

金剛般若波羅密經心印疏／溥畹法師著. -- 初版. --
新北市：華夏出版有限公司, 2024.07
面； 公分. --（圓明書房；047）
ISBN 978-626-7393-04-8（平裝）
1.CST：般若部

221.44 112017876

圓明書房 047
金剛般若波羅密經心印疏

著　　作　溥畹法師
出　　版　華夏出版有限公司
220 新北市板橋區縣民大道 3 段 93 巷 30 弄 25 號 1 樓
電話：02-32343788　傳真：02-22234544
E-mail：pftwsdom@ms7.hinet.net
印　　刷　百通科技股份有限公司
電話：02-86926066　傳真：02-86926016
總 經 銷　貿騰發賣股份有限公司
新北市 235 中和區立德街 136 號 6 樓
電話：02-82275988　傳真：02-82275989
網址：www.namode.com
版　　次　2024 年 7 月初版一刷
特　　價　新臺幣 600 元（缺頁或破損的書，請寄回更換）

ISBN-13：978-626-7393-04-8